ENCYCLOPÉDIE DES PRODUITS ET DES MÉTIERS DE BOUCHE

Légumes

Légumes

Recettes et photographies
de Jean-François Mallet
Textes
d'Emmanuelle Jary

hachette
CUISINE

Sommaire

INTRODUCTION

Après *Viandes*, *Légumes* est le deuxième tome de *L'Encyclopédie des produits et des métiers de bouche*. Cette série a été créée pour tous ceux qui, au-delà du plaisir de cuisiner, veulent en savoir plus sur le produit lui-même, son terroir et ses méthodes culturales.

Ce livre se veut à la fois didactique et pratique. Il s'intéresse aux hommes et aux femmes qui mettent les légumes à l'honneur, maraîchers, jardiniers, cuisiniers. Qu'il soit issu d'un petit potager confidentiel ou d'une Appellation d'origine contrôlée (AOC) prestigieuse, chaque légume a sa propre identité et donc son goût unique. Il est le reflet d'une tradition et d'une région.

Côté cuisine, s'il existe des recettes 100 % végétariennes, comme la ratatouille, les légumes n'occupent pas en France la place qu'ils méritent. Ils sont souvent relégués sur le côté de l'assiette. Ils accompagnent une viande, un poisson, ou pire, ils ne font que décorer à la manière de ces tomates sans goût légèrement panées qu'on trouve sur le rebord de l'assiette. Cet ouvrage redonne aux légumes une place centrale dans la cuisine grâce à des recettes classiques ou créatives. Il faut donner toutes leur chance aux légumes en les préparant, en les cuisinant pour mettre en valeur leur potentiel gustatif. Par ailleurs, il faut retrouver le rythme saisonnier qui est primordial. À chaque saison, ses bons légumes.

L'auteur, Jean-François Mallet, reporter, spécialisé dans la cuisine depuis plus de vingt ans, est un ancien chef de restaurants étoilés. Chaque recette figurant dans les pages qui suivent a donc été réalisée et testée par son auteur avant d'être photographiée.

Voici rassemblés dans ce livre, les légumes à travers la passion des hommes qui les cultivent, les histoires qui ont façonné des savoir-faire et des recettes pour leur rendre hommage.

LES POTAGERS D'HIER ET D'AUJOURD'HUI

Du célèbre Potager du Roi à Versailles jusqu'aux potagers de campagne, destinés à nourrir les habitants de la ferme, en passant par les jardins ouvriers en ville, et de la mode, plus récente, des potagers de chefs jusqu'à celle, extravagante, des potagers sur les toits, l'art du jardinage à destination de la table ne s'essouffle pas. Petites histoires d'une grande affaire.

Le Potager du Roi

Créé en 1678, le célèbre potager de Versailles fournissait le roi et la cour en fruits et en légumes. Grâce à l'utilisation de certains fumiers, de serres et de cloches, et en jouant sur les expositions, Jean-Baptiste de La Quintinie, le créateur de ce potager extraordinaire, réussit à faire pousser des fruits et des légumes en primeur : « La chaleur, tant dans la terre que dans l'air, ne peut régulièrement venir que des rayons du soleil. J'ose dire pourtant que j'ai été assez heureux pour l'imiter en petit à l'égard de quelques petits fruits : j'en ai fait mûrir cinq et six semaines devant le temps, par exemple des fraises à la fin mars, des précoces, et des pois en avril, des figues en juin, des asperges et des laitues pommées en décembre, janvier, etc. » (*Instruction pour les jardins fruitiers et potagers*, 1690).

De même que le château était une vitrine des savoir-faire artisanaux français, le Potager du Roi donnait à voir la magnificence de la table à la cour. Aujourd'hui encore, ce jardin cultive 450 variétés fruitières dont 140 poiriers, 160 pommiers, une quarantaine de pêchers, une trentaine de pruniers... Il comporte également de nombreux cerisiers, ainsi que 400 variétés légumières anciennes et modernes, des cultures de collection et d'autres de production, selon le principe qui préside à la gouvernance de ce jardin depuis sa création – c'est-à-dire rassembler et cultiver le maximum d'espèces afin d'observer quelles seraient les plus intéressantes. On y retrouve en particulier une trentaine de variétés de tomates, une quinzaine d'aubergines et de poivrons, et des espèces moins courantes telles que le souchet comestible, très apprécié dans les campagnes au XVIIIe et au XIXe siècles, ou encore la bardane.

Double page précédente : Ramassage des carottes chez Olivier Durand.
Ci-contre : Bouquet de pourpier dans le jardin d'Alain Passard.

Différents radis
sur l'étalage
de Joël Thiébault.

Les potagers urbains

Depuis quelques années, des projets de potagers urbains sont réapparus dans les plus grandes villes de France – et même d'Europe –, à commencer par Paris. On les trouve dans d'anciennes zones de friches, sur des ronds-points, dans des écoles, ainsi que sur les toits de certains immeubles. Né en Grande-Bretagne, le mouvement « Incroyables Comestibles » *(Incredible Edible)* reflète cette tendance. L'idée : « transformer les villes en potagers gratuits. » Et si la nature était l'avenir de la ville ?

Les potagers de chefs

Toujours à l'affût du meilleur, les chefs s'y mettent aussi et créent leurs propres potagers. Ainsi, parmi d'autres, le restaurant *La Chassagnette*, à côté d'Arles, possède son propre jardin et cultive sur plusieurs hectares plus de 300 variétés d'herbes et de légumes. Le chef Yannick Alléno a créé son potager au huitième étage d'un immeuble parisien. Précurseur, le chef Alain Passard a été un des premiers à « croire aux légumes » et à créer un potager extraordinaire. C'était il y a plus de dix ans. Visionnaire…

SYLVAIN PICARD

JARDINIER D'ALAIN PASSARD

Au jardin d'Alain Passard, Sylvain Picard laboure au cheval pour préserver les qualités de la terre.

Sylvain Picard, le premier jardinier d'Alain Passard, nous parle de ce jardin extraordinaire, situé à côté du Mans.

Quand et comment avez-vous créé ce potager ?
Il y a une dizaine d'années, le chef Alain Passard est venu me voir avec un beau projet: créer un potager dont les légumes seraient entièrement destinés à la cuisine de son restaurant. Tout était à faire. Il y avait eu autrefois un jardin ornemental en lieu et place de ce potager, puis le terrain avait été planté en cultures rotatives, maïs et blé. Je l'ai donc créé dans ce lieu fabuleux, entouré de deux hectares et demi de douves classées comme monument historique.

Comment avez-vous procédé ?
J'ai travaillé le sol de manière à recréer tout un écosystème.

Pourquoi les légumes de ce potager sont-ils si bons ?
Nous travaillons en partie par traction animale pour ne pas trop tasser la terre. Nous respectons les saisons: pas question de produire des tomates au printemps ! Nous choisissons des variétés de légumes qui ne sont pas toujours les plus faciles à travailler ni les plus rentables, mais qui valent avant tout pour leur saveur. Nous ne traitons pas. Nous plaçons des voiles d'hivernage et des voiles anti-insectes. Il faut accepter que certains légumes ne présentent pas une apparence régulière, mais le goût reste notre but premier.

.../...

SYLVAIN PICARD

.../...

Combien de variétés cultivez-vous à l'année dans ce potager ?

Quatre à cinq cents variétés de légumes et quelques fruits. Nous avons, par exemple, plus de 70 variétés de tomates. Nous cherchons des textures, des saveurs, des couleurs. J'ai créé une collection de radis : le Rose d'Hiver de Chine, le rond noir, le long noir, le daïkon blanc, le Red Meat, le Green Meat, le violet, le rond rouge, le rond rouge à bout blanc...

Nous cultivons plusieurs variétés de pommes de terre : la Bleue de la Manche, la Belle de Fontenay, l'Agria, la Ratte, la Corne de Gatte, la Rouge des Flandres...

Qu'avez-vous que les autres potagers n'ont pas ?

Nous avons des concombres *Melothria scabra*, de la taille d'une olive, qui se mangent tels quels et qui possèdent une saveur incroyable. Nous avons également des petits pois cueillis tellement jeunes qu'ils sont à peine plus gros que des baies. C'est un concentré de sucre et de saveurs. Ce type de production n'est pas possible sur les marchés. Le prix au kilo serait trop élevé...

Ci-dessous et à droite :
Courgette jaune
et fèves juste cueillies.

LÉGUMES DE MARQUE

Si la France est la patrie des fromages, entend-on souvent, tant ils sont nombreux et variés, les légumes offrent également un bel exemple de la richesse de notre pays.

De nombreuses régions ont leur légume star. Certains sont très connus, comme la mâche nantaise ou la lentille verte du Puy ou la mogette de Vendée ; d'autres sont plus confidentiels, mais leur culture perdure. Il est important qu'il en soit ainsi afin de préserver la diversité qui caractérise notre agriculture et, de fait, notre cuisine. Il y a le poireau de Créances, la pomme de terre de Merville, le haricot tarbais, la lentille verte du Berry, le lingot du Nord...

Parmi les légumes, 7 jouissent d'une AOC française, ou AOP européenne : la Béa du Roussillon – une pomme de terre primeur –, le coco de Paimpol, l'oignon doux des Cévennes, la pomme de terre de l'île de Ré, l'oignon de Roscoff, la lentille verte du Puy et le piment d'Espelette. Tandis que certains légumes se distinguent par une IGP (Indication géographique protégée), d'autres se signalent uniquement par leur terroir.

Le poireau de Créances

La France est le premier pays producteur de poireau en Europe. On le cultive avant tout dans les Pays de la Loire, le Centre, la région Rhône-Alpes et la Basse-Normandie. S'il s'agit d'un légume d'hiver qui résiste bien au froid, on trouve également au printemps de jeunes poireaux très tendres. Certains maraîchers proposent des poireaux crayons, appelés ainsi car ils sont particulièrement minces. Le poireau de Créances (Manche) est le seul à jouir d'une IGP : produit en Normandie, il est tendre et son goût, légèrement sucré. Il existe également dans le département de la Manche un poireau des sables qui bénéficie d'un Label Rouge.

La pomme de terre de Merville

Jouissant d'une IGP, la pomme de terre de Merville (Nord-Pas-de-Calais) est issue exclusivement de la variété Bintje. Elle est produite dans une quarantaine de villes de la vallée de la Lys, dont les sols sont riches en argile.

LES LÉGUMINEUSES

Haricots, fèves, pois chiches, pois cassés, lentilles, soja et arachide sont des légumineuses, c'est-à-dire des graines contenues dans une gousse. La plupart du temps, on les achète sèches. La cuisson est très importante, car elle conditionne la digestion parfois difficile de ces plantes : plus la peau sera fine, plus la digestion sera aisée. Dans tous les cas, il convient de cuire les légumineuses longtemps, jusqu'à ce qu'elles s'écrasent facilement sous la fourchette.
Il existe deux grandes productions de lentilles en France : la lentille verte du Puy et la lentille verte du Berry. Tandis que la première est récoltée de mi-juillet à mi-septembre, la seconde l'est courant juillet. Les haricots secs sont également très nombreux. Le coco de Paimpol est un des plus prestigieux : ce haricot demi-sec, d'un blanc nacré et dont la gousse est tachetée de rouge, est cultivé dans les Côtes-d'Armor.

1
—
2

Flageolets **[1]**.
Betteraves crapaudine **[2]**.

Olivier Durand

Maraîcher savant

Installé aux Sorinières, à côté de Nantes, Oliver Durand, la petite trentaine, est passionné de légumes depuis l'enfance.

À six ans, il avait déjà son propre potager et vendait les produits de son binage aux clients du restaurant de ses parents. Ces derniers lui interdisent de devenir cuisinier : « C'est un métier trop difficile. » Plutôt que les fourneaux, il se tourne donc vers les râteaux. « Je suis devenu maraîcher, car je ne trouvais pas dans le commerce les légumes que je souhaitais manger. » Comment en est-il arrivé là ? Après maints tours et détours. Avec un diplôme d'ingénieur agronome et un master en anthropologie, il a travaillé sur le virus de l'igname, la migration des producteurs du Nord-Est de la Thaïlande vers les bidonvilles de Bangkok, les amidons fossiles, l'histoire de l'agriculture japonaise… En sciences dures ou en sciences humaines, Olivier Durand s'est intéressé à tout. Il a également parcouru le monde – la Suisse, la Côte-d'Ivoire, la Thaïlande, la Guadeloupe, le Japon, le Québec… Toutes ces expériences l'aident aujourd'hui à produire de bons légumes : « Je suis resté pendant trois mois chez treize maraîchers dans tout le Japon. Certains pratiquaient le *natural farming*, on sème, on voit ce qui pousse et on n'arrache surtout pas les mauvaises herbes. Toutes mes notions d'agronomie étaient remises en question […] En Thaïlande, j'ai vu un champ bio dont le rendement était supérieur au voisin non bio. Ça m'a fait réfléchir. » Il refuse donc de (mal) traiter ses légumes.

À quoi ressemble une journée de maraîcher ?
Impossible à dire. Ça dépend du temps. On regarde le ciel et on avise. Si, au printemps, il y a de l'humidité sur les tomates et que le temps est couvert, je passe

…/…

OLIVIER DURAND

.../...

ma journée à secouer les plants pour éviter le mildiou. » Existe-t-il une méthode plus naturelle ? Mais, le plus important peut-être, c'est de passer du temps dans ses champs plutôt que devant son ordinateur. « Avant d'acheter, on devrait toujours regarder la main de celui qui vend. Pas un poireau ne quitte mon champ sans que je ne l'aie touché au moins une fois. » Il cultive aujourd'hui soixante espèces de légumes. Cinq sortes de betteraves, une dizaine de radis différents, sept variétés d'oignons, des poireaux jaunes du Poitou et des Bleu de Solaise, des carottes de Chantenay, des jaunes du Doubs, mais aussi des rouges, des rondes, des longues, des minuscules, des énormes... Chaque année, il introduit un nouveau légume. « J'ai envie de me pencher sur les différents types de haricots. L'année dernière, j'ai essayé de cultiver des melons, mais le résultat ne m'a pas satisfait. Je vais poursuivre l'été prochain. » Sous sa magnifique serre, il fait des essais de culture de maïs doux, de feuilles de moutarde. Il a trois ou quatre sortes de ciboulette, de basilic et autres herbes. Les tomates se déploient dans toute leur splendeur et leur couleur l'été. « L'hiver comme l'été, c'est un feu d'artifice. Mon idée, c'est d'avoir des palettes de goûts, de couleurs, de textures. Je suis triste quand je suis devant un étal où il n'y a qu'une sorte d'aubergine ou de courgette. » Sur ses 5 000 m² de terrain, Olivier Durand est un des plus petits maraîchers de France, mais probablement un des meilleurs...

Dès l'aube, Olivier Durand cueille ses légumes pour qu'ils gardent toutes leurs saveurs.

HORS CHAMP

Les rayons des supermarchés nous proposent de nombreux légumes prélavés, prédécoupés, voire précuits pour nous faciliter le travail. S'il est plus pratique de recourir à ces légumes, c'est en revanche moins satisfaisant pour le palais. Si vous aimez les légumes, soyez courageux et patient ! Le résultat n'en sera que meilleur…

Ci-dessous :
Épinards frais tout juste cueillis que s'arrachent les chefs étoilés.

La préparation

Les légumes demandent un peu de travail : il faut les laver, les éplucher, les peler, parfois couper les queues, enlever les pépins, les équeuter, les effiler… Voici plusieurs conseils pour vous faciliter la tâche :
– pelez le céleri-rave avec un couteau et non avec un économe, ça ira plus vite ;
– ne pelez pas les pointes des asperges, mais uniquement la partie inférieure, qui est plus dure ;
– lorsque les légumes sont jeunes (les légumes primeurs ou nouveaux), grattez-les avec un couteau, mais ne les pelez pas. Car, le plus souvent, la majorité des vitamines se trouvent dans la peau.

Faut-il éplucher les pommes de terre avant la cuisson ?

Tout dépend des pommes de terre, de la cuisson et de ce que vous en ferez ensuite. Si vous les cuisez à la vapeur pour les manger telles quelles, avec une viande ou un poisson, et que ce sont de petites pommes de terre, il vaut mieux laisser la peau. C'est moins fastidieux et certains apprécient son goût.

Si vous souhaitez réaliser une purée, il existe deux écoles.
Celle des chefs : les pommes de terre sont cuites avec leur peau, afin qu'elles se gorgent le moins possible d'eau. Puis elles sont pelées à chaud – attention à vos doigts ! La purée est montée comme une mousseline, avec autant de beurre que de pommes de terre. Il s'agit souvent de variétés à chair ferme qui, à l'origine, ne sont pas destinées à la purée, par exemple la ratte. Parce qu'elle est riche en beurre, on en mange très peu. C'est une gourmandise…
Celle des familles : on pèle avant cuisson et on utilise de grosses pommes de terre à chair fondante. On les cuit dans l'eau bouillante. On les retire de l'eau et on réalise une purée avec l'eau de cuisson un peu amidonnée et du beurre. La consistance sera moins dense, le goût de la pomme de terre plus présent. Le résultat est moins calorique. C'est un véritable accompagnement…

ANTHONY BELDROEGA

SECOND D'ALAIN PASSARD

Anthony Beldroega travaille à L'Arpège, le restaurant triplement étoilé Alain Passard dans le VIIe arrondissement de Paris. Arrivé en 2003, il est devenu second du chef en 2005, un poste qu'il occupe avec plaisir, lui qui, selon son expression, est « né dans le légume ». Originaire de la Sarthe, il a grandi au milieu des potagers que son grand-père, à 81 ans, continue de bêcher.

Quels conseils donneriez-vous pour la cuisine des légumes ?
Il faut avant tout respecter les saisons. Il y a des légumes toute l'année et tous peuvent développer des saveurs et des textures très intéressantes. Ensuite, il ne faut pas avoir peur de faire des associations de fruits et de légumes. La tomate se marie très bien, par exemple, avec la fraise, le poireau avec le kiwi, le navet avec la rhubarbe, le radis noir avec la poire, etc.

Est-ce que toutes les cuissons se prêtent aux légumes ?
On peut les braiser, les confire, les frire, les cuire à la vapeur et même les cuisiner crus. Les légumes offrent beaucoup de possibilités. Nous proposons à *L'Arpège* une betterave en croûte de sel. Après plusieurs heures de cuisson, elle devient confite et le sel permet d'équilibrer sa saveur douce. C'est magnifique…

Existe-t-il des règles importantes pour la préparation des légumes ?
Il faut respecter autant que possible leur forme initiale. Lorsque vous coupez un chou, le millefeuille qui apparaît est très beau. Il faut en tenir compte pour la recette. Par exemple, on coupera un chou en quatre et le braisera afin de retrouver ce graphisme dans l'assiette.

Peut-on travailler les légumes en dessert ?
Oui, bien sûr. À *L'Arpège*, nous proposons des éclats de navet en croûte de dragée ou la fameuse tomate confite aux douze saveurs. Le meilleur conseil que je puisse donner, c'est d'oser et de cuisiner vraiment les légumes plutôt que d'en faire un simple accompagnement de viande ou de poisson. Il faut aider certains légumes à exprimer leur potentiel gustatif en ajoutant des condiments (cardamome, baie rose, badiane…), des herbes, etc. et en travaillant avec toute la gamme des huiles végétales (huile de courge, de pistache, de lin, de noisette…).

Page de gauche :
Une botte d'asperges à la citronelle cuite à la verticale pour obtenir le meilleur de la texture du légume.

LA CONSERVATION

Bien faire pousser les légumes, certes ; bien les cuisiner, évidemment ; mais leur conservation est une étape clé. Un beau légume peut perdre tout son potentiel s'il est cassé par le froid ou au contraire gâté par la chaleur.

Page de droite : Cressonette du Maroc.

La plupart des légumes se conservent dans le bac du réfrigérateur, d'ailleurs souvent appelé « bac à légumes ». Les tomates font exception à la règle : il est déconseillé de les mettre au froid, et il est préférable de les laisser à température ambiante, car elles continuent de mûrir. De plus, le froid casse leur saveur. Attention, cependant, l'été, lorsqu'il fait très chaud et que les tomates sont très mûres, il peut être utile de les mettre au frais afin qu'elles ne se gâtent pas. Si presque tous les légumes se conservent tels quels après achat, il est recommandé de laver la salade et de bien l'essorer avant de la mettre au réfrigérateur. Placez-la dans une boîte hermétique : elle fanera moins vite. Une salade fanée peut retrouver son peps après avoir trempé une heure dans l'eau. Si elle retrouve sa fraîcheur apparente, elle perd en revanche ses vitamines.

Nous vous recommandons d'éviter de manger les légumes à contre-saison pour mieux retrouver leur goût dans l'assiette. Mais il arrive qu'une envie d'asperges, de tomates ou de petits pois se fasse sentir en plein cœur de l'hiver. Pensez donc à préparer des bocaux de légumes ou à les congeler. Vous pouvez aussi congeler ou mettre en bocaux des légumes déjà cuisinés tels que la ratatouille, des aubergines à l'huile, des poivrons grillés au four ou de la sauce tomate. Les bocaux permettent également de stocker des légumes au naturel dans de l'eau salée, par exemple, les petits pois, les fèves et les haricots verts. Il faudra qu'ils soient blanchis au préalable, puis placés dans un bocal fermé et stérilisé ; comptez 1 h de cuisson à couvert dans l'eau bouillante. En revanche, la congélation permet de garder des légumes crus. Idéalement, mettez-les auparavant sous vide – si vous disposez d'une machine à faire le vide. Les petits pois, les pois gourmands, les haricots verts, les courgettes en tranches, les pointes d'asperges, les cèpes ou les girolles garderont ainsi toute leur fraîcheur. Il suffit juste de bien les laver au préalable. En général, il est préférable de les cuire congelés plutôt que de les décongeler avant cuisson. Ils garderont davantage leur fermeté.

LA CUISSON

Les gratins sont rôtis, les pommes de terre sautées sont braisées, les asperges sont le plus souvent cuites à l'eau ou à la vapeur. Il en va de même pour les poireaux. Et si on brouillait les pistes ?

On peut cuire les légumes de trois façons différentes.

À LA VAPEUR

C'est une cuisson rapide, qui préserve au mieux les vitamines contenues dans le légume. Les légumes peuvent être consommés directement après cuisson, ou bien conservés et réchauffés par la suite.

AU FEU

Les légumes sont en contact direct avec le feu. Ils peuvent être rôtis, braisés, grillés (au barbecue)...

Au four, on prépare, par exemple, des gratins ou des farcis, à la poêle, des pommes de terre, des légumes racines ou des tomates. Tous les légumes peuvent être cuits au four. Ainsi les poireaux : enlevez les premières feuilles, coupez-les en deux, lavez-les bien, placez-les dans un plat, salez et poivrez, ajoutez un peu d'huile et faites cuire doucement. Vous obtiendrez des poireaux très tendres et, surtout, très savoureux. Faites de même avec le fenouil, ou de grosses tranches de céleri-rave, ou encore des carottes. Toutes les racines s'y prêtent. Autre exemple : les petits pois frais, les pois gourmands ou les fèves. Si vous avez l'habitude de les cuire à l'eau bouillante ou avec un fond d'eau en jardinière, vous pouvez aussi les mettre directement à la poêle. Oui, les petits pois se poêlent dans un peu d'huile et de beurre. Résultat : ils seront un peu fripés, mais très forts en goût.

À L'EAU

Dans la cuisson à l'anglaise, on place les légumes dans une eau bouillante salée, sans couvercle. Les légumes sont donc mis dans l'eau après ébullition. Seules les pommes de terre nécessitent un début de cuisson dans l'eau froide. Quant aux légumes glacés, ils sont cuits dans un fond d'eau salée, additionnée de beurre et de sucre. Cette cuisson permet d'obtenir des légumes très brillants, comme « glacés ».

Qui l'eût cru ?

Les légumes peuvent, bien sûr, être consommés crus. Les produits crus sont, en général, plus vitaminés qu'après cuisson. Cependant, il faut faire attention à la fraîcheur du produit, car un légume à l'air libre peut perdre jusqu'à 50 % de ses vitamines en trois jours. Cru ou cuit, il présentera alors moins d'intérêt d'un point de vue nutritionnel. Les adeptes du tout cru existent, en particulier en Californie, où certains restaurants ne servent que des plats de légumes, de viandes ou de poissons 100 % crus. Attention, toutefois, à certains légumes qui, en grande quantité, peuvent irriter l'intestin, car ils sont plus difficiles à digérer. En effet, la cuisson casse les fibres et les rend plus assimilables. Il faut donc trouver un juste milieu entre le cru et le cuit.

LE SAVIEZ-VOUS ?

À l'origine, les carottes Vichy sont cuites dans de l'eau de Vichy, à laquelle était ajouté un peu de beurre frais. Riche en bicarbonate, cette eau permettait une bonne cuisson du légume et préservait sa couleur.

ASTUCE

Pour arrêter rapidement la cuisson de vos légumes pour qu'ils restent bien croquants, vous pouvez les plonger dans une eau glacée juste après les avoir sortis de la casserole.
Pour leur garder une belle couleur, vous pouvez ajouter un peu de bicarbonate de soude dans l'eau de cuisson.

1
2

Laitue blanchie en préparation d'une soupe **[1]**.
Crème de courgettes cuite à la vapeur dans des tubes chez Pierre Gagnaire **[2]**.

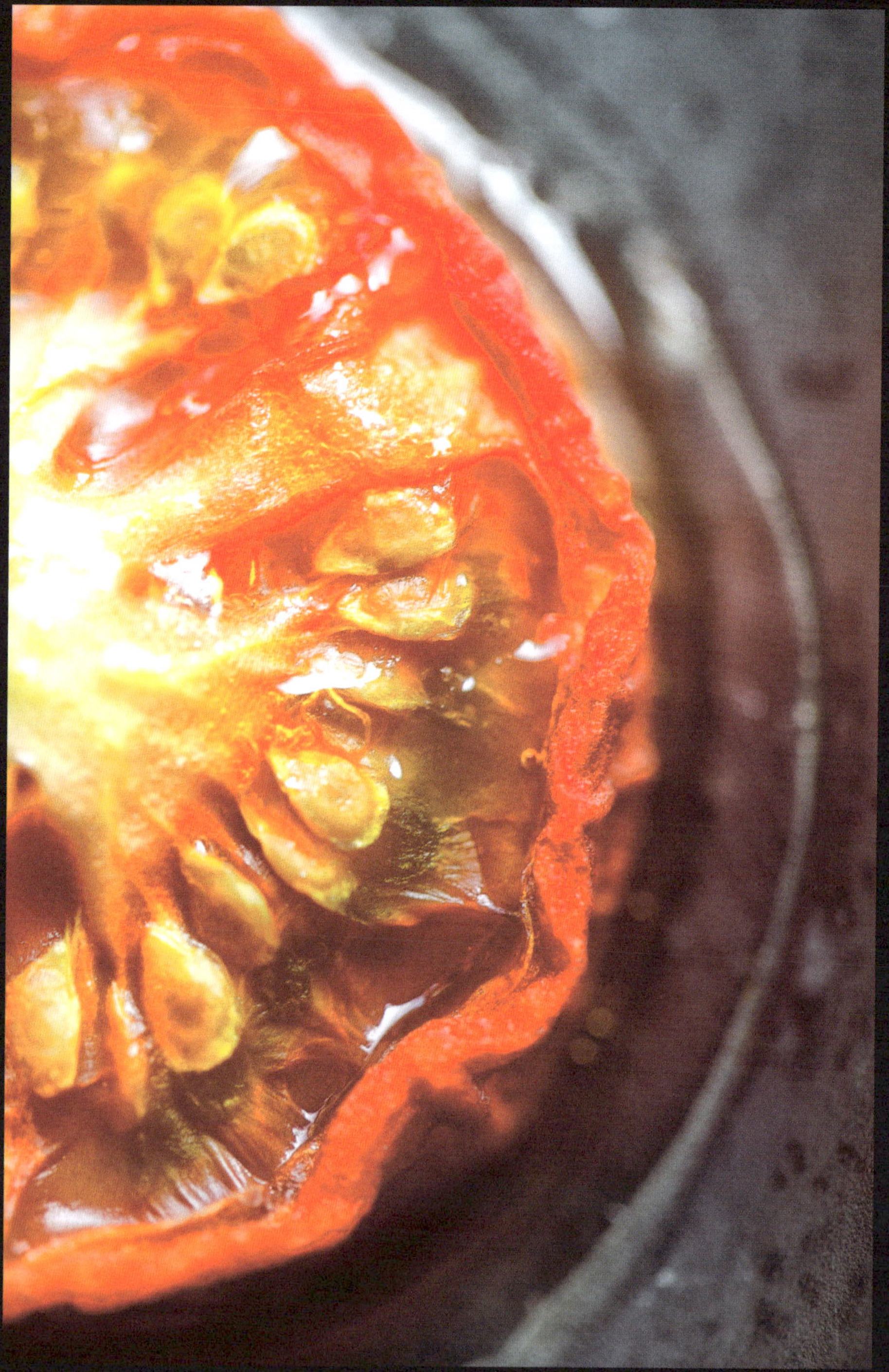

7

1

2

6

3

5

4

Page de gauche : Tomate séchée au four.

Ci-dessus : Les légumes servent à de multiples préparations en gastronomie : **[1]** courgettes multicolores poêlées au beurre, **[2]** pommes château lustrées au beurre, **[3]** piments farcis, **[4]** on brûle les aubergines sur la flamme pour retirer la peau **[5]**, feuilles de chou poêlées, **[6]** aumonière d'huître à la laitue, **[7]** tomates farcies de fruits confits et confites au jus d'orange chez Alain Passard.

Le cas des primeurs

Les légumes primeurs, qu'il s'agisse de pommes de terre, de carottes ou de navets, sont toujours cueillis avant leur pleine maturité. Ce sont les premiers légumes du printemps. Ils ont un goût très fin et sont à la fois tendres et fondants.

Comment les préparer ?

Les légumes primeurs sont plus fragiles que les autres légumes. Il faut les laver vite, sans les laisser tremper. Leur peau est fine : inutile de l'enlever, la gratter suffira. On peut les cuire à la vapeur. Une cuisson rapide préserve leurs vitamines et leur croquant – ils sont en effet très riches en eau.

Chaque potager possède une serre à l'abri de laquelle poussent les légumes.

PHILIPPE MORICE

LE LÉGUME EN FILIATION

Installé à Abrainville, dans le département de l'Essonne, Philippe Morice a reçu les légumes en héritage.

Venus de Bretagne pour travailler comme ouvriers agricoles, ses parents sont devenus maraîchers. Le fils de Philippe Morice le sera peut-être également : il en prend le chemin en tout cas, avec des études menées dans le domaine de l'agriculture. « Me voir travailler ne l'a pas dégoûté du métier », déclare Philippe Morice, satisfait. Et pour cause, ses journées ne sont pas monotones. « Évidemment, on peut faire des épinards ou des blettes toute l'année sous tunnel, mais le résultat n'est pas le même qu'en plein champ. » Aussi l'homme adapte-t-il les productions à la saison.
Philipe Morice cultive des légumes on ne peut plus classiques, comme les carottes, les navets, les pommes de terre, les tomates, le fenouil, plusieurs sortes de choux, des radis noirs l'hiver et roses au printemps, différentes chicorées l'hiver, des haricots verts, des petits pois au printemps... Avec neuf hectares de champs, il y a de quoi faire ! Une seule ligne de conduite : produire des légumes qui ont du goût. Cela est devenu assez rare pour mériter d'être souligné. Rien de tel qu'un passage en terre pour obtenir un bon légume. En effet, il n'est pas toujours besoin d'aller chercher des variétés rares, il suffit de cueillir à maturité.
Philippe Morice s'enorgueillit d'avoir été un des premiers à introduire sur les marchés parisiens le potimarron. Quelle est donc la différence avec la courge ? Le premier a une chair plus dense, et on peut le cuisiner comme une pomme de terre. Par ailleurs, il est plus riche en carotène. La courge, quant à elle, est gorgée d'eau ; elle est destinée aux soupes et autres purées.

.../...

Page de gauche :
Betterave en terre.

PHILIPPE MORICE

.../...

Si Philippe Morice passe du temps dans ses champs, il s'échappe trois fois par semaine sur les marchés. « C'est ma récréation. » Arrivé vers 5 h du matin, il doit tout installer pour être prêt vers 7 h 30-8 h 00. Moment de détente, de convivialité et d'échanges, Philippe Morice plaisante avec ses clients, pour la plupart des habitués depuis plusieurs années. « On échange sur nos vies, sur nos enfants. » Tous les efforts faits pendant la semaine dans son champ trouvent leur raison d'être durant ce moment. De leur côté, les clients sont ravis de voir la tête du producteur !
Présent sur les marchés depuis 1981, Philippe Morice a constaté une évolution dans la consommation des légumes. On en mange moins, mais plus souvent. Certains légumes tels que les tomates, les concombres et les radis, faciles à préparer et peu caloriques, se vendent plus que d'autres, comme les salades qui demandent quelques gestes de préparation. Cependant, une salade fraîche, cueillie la veille et arrivée encore bien vivante dans votre assiette, vous apportera infiniment plus de plaisir qu'un sachet tout prêt. Alors tous à nos paniers à salade !

Page de droite :
Grands concombres qui poussent en serre chez Philippe Morice.

Fleurs de courgettes
à la poêle.

LES FAUX AMIS

Les légumes en entrée et pour les plats de résistance, les fruits en dessert : telle est la règle que l'on peut détourner à loisir afin d'innover et de distraire nos papilles. Carotte, tomates et autres légumes gorgés de sucre peuvent brouiller les pistes.

Certains fruits sont considérés comme des légumes. Ainsi, la tomate est passée entièrement dans le règne du salé, mais, d'un point de vue botanique, c'est un fruit, ce qui peut surprendre. Cependant, si vous avez déjà goûté des tomates de potager cueillies à maturité, elles sont sucrées. Les Marocains préparent une confiture de tomates rouges très douce, nous rappelant sa vraie nature. Alain Passard (voir p. 29) propose également à la carte des desserts de son restaurant *L'Arpège*, à Paris, une tomate confite aux douze saveurs.

Les marrons, les châtaignes, les noisettes et les noix sont aussi des fruits que l'on accompagne souvent d'une viande, à la manière des légumes. À l'inverse, la rhubarbe est un légume, qui est plus souvent cuisiné comme un fruit.

Ci-dessus : Fleurs de bourrache *(à gauche)*.
Fleurs de courgette en terre *(à droite)*.

Les fleurs

Les fleurs sont consommées depuis des siècles, telle la violette de Toulouse cristallisée, ou encore les pétales de rose en gelée, les fleurs de courgette en beignet, le jasmin dans le thé ou, plus couramment, l'artichaut et le chou-fleur, qui sont bien des fleurs. Mais, l'été, on trouve chez les primeurs, et parfois en grande surface, des fleurs, des vraies, celles qui ont des pétales et fleurissent nos jardins et nos balcons. Capucines, bourraches, pensées, primevères se retrouvent aujourd'hui dans nos assiettes. Toutefois, elles sont cultivées différemment : sans engrais ni produit chimique.
Si les fleurs sont décoratives grâce à leurs couleurs vives, elles développent des goûts très divers et particulièrement fins. Elles peuvent être considérées comme de véritables condiments, épices ou légumes. La bourrache est iodée et accompagne idéalement un poisson ; le souci, au goût safrané, s'effeuille pour parfumer le riz ; les capucines piquantes, dont la saveur est proche du radis, avec une note finale légèrement sucrée, font un apéritif hors du commun…
Attention, cependant, si vous n'avez aucune notion de botanique, ne partez pas cueillir les fleurs des champs, le nez au vent, car certaines, comme le muguet ou la tulipe, sont très toxiques.

Portrait

JOËL THIÉBAULT

Maraîcher

Installé à Carrières-sur-Seine, dans les Yvelines, Joël Thiébault est, depuis plus de vingt ans, un maraîcher star, très apprécié des grands chefs mais aussi des Parisiens qui patientent longuement chaque semaine devant son étal. À quoi doit-il son succès? Des légumes de qualité qui ont du goût, et une équipe de vendeurs experts, toujours prêts à donner des conseils de préparation et des idées de recettes. Joël Thiébault nous raconte son parcours et nous livre son regard sur le maraîchage aujourd'hui.

À quel moment avez-vous commencé à travailler comme maraîcher ?

J'ai créé ma société en 1976, mais mes parents et mes grands-parents étaient déjà maraîchers. Ma famille est présente depuis quinze générations à Carrières-sur-Seine. On était déjà là au Moyen Âge ! Autrefois, on produisait des légumes mais aussi des fruits. Au XVIIIe siècle, on cultivait ici une variété ancienne de cerises qui a totalement disparu et dont on ne retrouve la trace que dans les Archives nationales. On cultivait aussi la fameuse asperge d'Argenteuil…

Ce qui caractérise votre exploitation, c'est sans doute la diversité des espèces cultivées : quand cela a-t-il commencé ?

Mes parents avaient déjà beaucoup diversifié leur production. À mon tour, j'ai poursuivi cette démarche, notamment en introduisant des espèces autrefois plus courantes dans le sud de la France, comme les aubergines. Je me suis aperçu qu'en sélectionnant les variétés adaptées au nord de la France, qu'en jouant sur la taille, etc., on pouvait obtenir de bons résultats. De plus, les variétés « standard » ont progressivement perdu en qualité avec la grande distribution qui a pris des parts de marché. Elle a dicté aux semenciers l'orientation de leur production. Donc j'ai commencé à rechercher des variétés un peu différentes, et j'ai découvert une large palette de couleurs, de textures et de saveurs. Dans une même espèce, on peut avoir des légumes très différents.

…/…

Double page précédente :
Tomates charnues *(à gauche)*
Blettes rouges *(à droite)*.
Page de gauche :
Petits céleris raves goûtus,
une des spécialités
de Joël Thiébault.

JOËL THIÉBAULT

Joël Thiébault cultive
toutes sortes de légumes,
du simple céleri-rave
à un original chou japonais.

.../...

Comment produit-on de bons légumes ?
Un maraîcher doit savoir observer et interpréter afin de pouvoir influer sur le résultat. Mais il faut être modeste : notre influence reste minime. On peut néanmoins favoriser l'apparition de certains goûts ou de certaines textures grâce à quelques artifices (arrosage, protection avec une bâche, ventilation d'une serre...), sans pour autant transformer une tomate en une plante soiffarde en la bourrant d'eau pour qu'elle pousse plus vite. On peut aussi accepter de perdre de la précocité pour recevoir en contrepartie des plantes moins sensibles aux maladies.

Vous cultivez plus d'un millier d'espèces de légumes et d'herbes par an, est-ce cette diversité qui a fait votre succès, notamment auprès de grands chefs ?
Je déteste la routine. Or, mon métier peut très vite devenir routinier. Pour cette raison, j'ai cherché à produire des légumes très variés. C'est sans doute cette particularité qui a attiré l'attention des chefs comme Pascal Barbot, chef trois étoiles de *L'Astrance* à Paris.

Vous ne cultivez pas en biodynamie, pourquoi ?
Je ne suis pas le chantre des produits phytosanitaires mais, pour l'instant, je ne pourrais pas me passer de désherbants, par exemple. Et puis je n'aime pas avoir un surveillant derrière moi qui me dit ce que je dois faire. Cependant, j'écoute, je lis et reste très attentif à ce qui se fait...

PETITE LEÇON DE BOTANIQUE

Les légumes peuvent être classés différemment si l'on procède par famille botanique ou par rapprochement avec la partie consommée.

Le classement botanique

Il regroupe des légumes qui, dans nos assiettes, n'ont rien de commun. Ainsi apprend-on que le chou et le radis sont de la même famille.

Liliacées: ail, asperge, ciboulette, échalote, poireau...
Astéracées: artichaut, chicorée, endive, laitue, pissenlit, scorsonère, topinambour...
Solanacées: aubergine, citrouille, piment, pomme de terre, tomate...
Chénopodiacées: bette, betterave...
Apiacées: carotte, céleri...
Brassicacées: chou, cresson de fontaine, radis...
Cucurbitacées: concombre, cornichon, courge...
Fabacées: fève, haricot, lentille, pois, soja...
Valérianacées: mâche...
Polygonacées: oseille...

Le classement par famille

Si l'on n'est pas botaniste, il vaut mieux s'en tenir à un autre classement qu'utilisent la plupart des jardiniers. À la fois plus simple et plus pratique, il distingue les légumes racines, les légumes tiges, les légumes feuilles, les légumes fleurs, les légumes fruits, les légumes bulbes et les légumes tubercules.

Chacune de ces familles est représentée à chaque saison. Cependant, certaines sont plus répandues en hiver, d'autres en été: on trouve plus de légumes racines dans le potager par grand froid et plus de légumes fleurs ou fruits quand les journées sont longues et chaudes.

Les plus courants

Légumes racines: carotte, céleri-rave, pomme de terre, radis, salsifis, scorsonère, topinambour, navet, betterave.
Légumes tiges: asperge.
Légumes feuilles: blette, chou, chicorée, cresson, épinard, laitue, mâche, pissenlit.
Légumes fleurs: artichaut, chou-fleur, brocoli, chou romanesco.
Légumes fruits: aubergine, concombre, courge, courgette, potiron, piment, poivron, tomate.
Légumes secs: fève, haricot, lentille, pois.
Légumes tubercules: pomme de terre, topinambour, crosne, hélianthis.
Légumes bulbes: oignon, ail, échalote.

Le céleri-rave: un légume racine

La rave est une plante potagère cultivée pour sa racine. Mais attention: le céleri-branche et le céleri-rave sont deux variétés différentes. Tandis que le premier arrive au printemps, le second est un légume d'hiver, qui appartient à la famille des apiacées, ou des légumes racines. Le céleri-rave est bon pour la santé et pour la silhouette. Il est un des légumes frais les moins énergétiques, avec 18 kcal pour 100 g.
En revanche, il est très riche en sodium et en fibres, donc prohibé dans les régimes pauvres en sel. Pour tous les autres, il est fortement conseillé. Il est également très riche en minéraux – potassium, calcium et fer. Enfin, il contient des oligoéléments rares, tels que le chrome et le sélénium.

1 | 2
3 | 4

Haricots verts **[1]**.
Petits pois surgelés **[2]**.
Artichauts à l'huile **[3]**.
Salade reine des glaces **[4]**.

Chapitre premier

PRINTEMPS

Carotte

Céleri

Endive

Chou-rave

Chou rouge

Chou blanc

Radis

Oignon rose

Fenouil

Artichaut

Haricot vert

Asperge

Fève

Épinard

Pomme de terre

Petit pois

Chou-fleur

Broccoli

Scarole

Pissenlit

Poireau

Navet jaune

Oignon blanc

Pourpier

Bette

Sucrine

Roquette

Betterave

CROQUEZ LES LÉGUMES À PLEINES DENTS

Avec le printemps, il y a comme de la légèreté dans l'air et dans l'assiette. Les gros légumes et les plats bouillis, c'est fini ; les potées, c'est terminé. Certains légumes de printemps vont nous suivre jusqu'en été. Mais, en cette saison, après des mois d'abstinence, on se précipite dès qu'ils arrivent sur les marchés. Ainsi les haricots verts, les petits fenouils, les radis, les petits pois, les pois gourmands… D'autres légumes sont plus furtifs, et il ne faut pas manquer le coche. Tel est le sort des asperges : elles sont là pour quelques semaines, puis il nous faudra encore attendre jusqu'à l'année suivante. Les morilles, même combat – bien qu'il ne soit pas un légume, ce champignon est consommé comme tel. Mais la nature est bien faite : ce sont des produits dont le prix est assez élevé, on ne peut donc pas en manger très souvent.

Côté couleur, on reste dans le vert, mais avec une gamme plus vaste, allant du vert tendre des petits pois et du jeune fenouil au vert plus soutenu des jeunes pousses d'épinard. Côté texture, le croquant refait son apparition avec les radis roses, mais aussi plein de légumes d'hiver dans leur version primeur. Ainsi les jeunes navets, les jeunes poireaux, les oignons nouveaux, dont on consomme autant le bulbe que le vert, les jeunes betteraves vendues en bottes avec leurs fanes… Bref, au printemps, c'est bien connu, la nature renaît et les légumes atteignent leur forme juvénile. Tout en saveurs subtiles et en tendres textures.

Les pommes de terre en sont un bon exemple. Après des mois de grosses patates, voici la pomme de terre primeur : récoltée avant maturité, elle s'apparente plus à un légume vert qu'à un féculent, car elle renferme moins d'amidon et plus d'eau. Les pommes de terre primeurs sortent de terre dès la mi-avril. Leur texture est fondante et d'une grande finesse de goût. Il existe plusieurs traditions de pommes de terre primeurs en France. Visite guidée.

Double page précédente : Salade rougette.
Ci-contre : Tomates cerise poêlées au laurier.

POMMES DE TERRE PRIMEURS

La plus sélecte

Sur l'île de Noirmoutier, le goût du printemps tout entier est contenu dans une patate. « Patate » est un mot bien banal pour désigner quatre superbes variétés de pommes de terre cultivées sur l'île.

Récoltée de la mi-avril jusqu'au 31 juillet, on reconnaît la pomme de terre de Noirmoutier d'un seul coup d'œil, grâce à sa peau pelucheuse, et d'un simple coup de fourchette, grâce à une chair légèrement sucrée, d'une grande finesse. Très fragile, elle est commercialisée moins de 72 heures après avoir été arrachée. Une fois dans votre panier à provisions, il vous faudra la conserver au réfrigérateur, à l'abri de la lumière. La production annuelle est de 13 000 tonnes, soit 10 % de la pomme de terre primeur française. Elle est en partie récoltée à la main. Le terroir et les pratiques culturales propres à Noirmoutier donnent toute sa spécificité gustative à cette pomme de terre. Dès le mois de novembre, les « patacons » – un terme qui désigne les producteurs de pommes de terre – ramassent des goémons qu'ils épandent dans les champs afin d'engraisser la terre avec un compost naturel. Par ailleurs, les embruns arrosent les feuilles de pommes de terre. Enfin, le sol provenant du littoral est sablonneux. Ainsi parle-t-on à Noirmoutier de « culture de la mer » pour désigner celle la pomme de terre !

Les différentes variétés

La Bonnotte : star d'entre les stars, la Bonnotte est une pomme de terre d'exception, à forte valeur patrimoniale. Si elle a fait la réputation de l'île, elle ne représente aujourd'hui qu'un faible pourcentage de la production – 100 tonnes pour un total de 13 000 tonnes. Elle est la plus ancienne variété cultivée à Noirmoutier. Abandonnée dans les années 1960, sa culture a été réintroduite en 1995. Plantée à la Chandeleur, elle est exclusivement récoltée et commercialisée le premier week-end du mois de mai. Sa taille est petite, sa chair fine, sa saveur marquée par un goût de châtaigne. La Bonnotte ne se conserve pas au-delà de deux ou trois jours. Il est conseillé de la cuire en deux temps : à la vapeur ou juste blanchie, puis rissolée dans un mélange d'huile d'olive et de beurre, enfin simplement agrémentée d'un peu de fleur de sel de Noirmoutier, bien sûr !

Ci-contre : Ramassage des pommes de terre primeurs en région parisienne.

LE SAVIEZ-VOUS ?

Les pommes de terre dites nouvelles (récoltées à cent vingt jours) et primeurs (récoltées à quatre-vingt-dix jours) sont toutes deux commercialisées de la mi-avril au 31 juillet. Durant cette période, si la peau est pelucheuse, la pomme de terre est primeur ; si la peau se tient davantage, il s'agit d'une pomme de terre nouvelle. Au-delà du 31 juillet, les pommes de terre sont dites de conservation.
Les « primeurs » peuvent être de deux tailles : petite – on les appelle alors « grenailles » – ou moyenne. Elles ne sont jamais grosses, au contraire des pommes de terre de conservation.

1
—
2

Un petit maraîcher
vend ses légumes
sur un marché de Valence.

La Sirtema : c'est la première des pommes de terre primeurs françaises commercialisées dans la saison. Récoltée de la mi-avril au 20 juin, la Sirtema est la plus consommée des primeurs de Noirmoutier. De forme ronde, de chair blanche et fondante, au goût sucré, cette pomme de terre présente une bonne tenue à la cuisson. C'est une pomme de terre à faire rissoler.

La Lady Christl : introduite en 2001, c'est une nouvelle venue sur l'île, qui s'est bien adaptée au terroir noirmoutrin. Elle est commercialisée de mai à fin juin. De forme oblongue, de chair jaune pâle, elle est idéale pour une cuisson à la vapeur.

La Charlotte : gorgée de soleil, cette variété est commercialisée de juin à fin juillet. Sa chair est ferme et de couleur blanche. Sa forme oblongue très allongée est particulièrement régulière. Son goût est bien marqué et sa texture fondante. Elle accompagne à merveille les poissons, qu'elle soit cuite à la vapeur ou rissolée.

Les plus récompensées

Deux pommes de terre françaises ont droit à une AOC.

La pomme de terre primeur de l'île de Ré : elle est la première en France à avoir obtenu une AOC, en 1988. Récoltée fin avril-début mai avant maturité, elle est plus légère que les pommes de terre de conservation, car ses glucides n'ont pas eu le temps de se transformer en amidon. Aussi est-elle plus considérée comme un légume vert que comme un féculent. Sa chair légèrement sucrée et sa peau salée lui confèrent un goût unique. Il ne faut donc surtout pas l'éplucher, mais la rincer rapidement sous l'eau fraîche, ou encore la frotter avec du gros sel marin. Sa petite taille demande une cuisson rapide. Au four, à la vapeur ou à la poêle, 10 minutes suffisent à rendre cette pomme de terre savoureuse et fondante. Ne tardez pas : vous ne la trouverez sur les marchés que pendant les mois de mai et de juin.

La Béa du Roussillon : elle est récoltée un peu avant maturité. Sa forme est régulière, sa saveur très sucrée et sa texture fondante. Elle est produite sur une vingtaine de communes des Pyrénées-Orientales, jouissant d'un climat méditerranéen semi-aride. Elle est originaire du Roussillon et n'a jamais quitté sa terre d'enfance. Cultivée depuis le XIIe siècle, elle est une des pommes de terre les plus anciennes de France. Cependant, elle reste confidentielle, avec 150 hectares plantés, pour une récolte de 3 000 tonnes.

Double page suivante : Oignon cuit *(à gauche)*. Oignon cru *(à droite)*.

ASPERGES

Il existe différentes variétés d'asperges.

L'asperge blanche des Landes, qui jouit d'une IGP depuis 2005, est très prisée des gourmets. Le département des Landes est le premier département producteur d'asperges blanches (1900 tonnes d'asperges environ, dont plus de 1000 en IGP). Elle pousse dans un sol sablonneux et perméable ; le climat océanique est doux. Elle arrive sur les marchés à partir du mois de mars et y reste jusqu'à la mi-juin. Cette asperge ne voit jamais le jour : elle est ramassée avant de sortir de terre. Sa couleur blanche est une garantie de fraîcheur et de jeunesse, donc de tendresse.

Il existe également des asperges violettes et vertes, ainsi qu'une variété de petites asperges, dites sauvages. La violette sort un peu de terre, ce qui permet à sa pointe, en s'exposant à la lumière, de se colorer en violet. La verte pousse à l'air et non en terre ; cette exposition à la lumière lui donne sa couleur.

CÔTÉ CUISINE

N'épluchez pas trop l'asperge blanche, car elle est très tendre. Conservez bien les écailles de sa tête et n'épluchez que la base. Elle se cuit très vite, idéalement 5 minutes à la vapeur. Une fois épluchée, elle peut se conserver 48 heures au réfrigérateur, et 72 heures non épluchée.

Ci-contre : Asperge blanche d'Argenteuil.
Double page suivante : Asperges vertes cuites *(à gauche)*. Asperges blanches *(à droite)*.

 1 : Navet boule d'or. *2 :* Navet nouveau. *3 :* Roquette.

4: Betterave rouge. *5:* Sucrine. *6:* Jeune épinard.

1 : Poireau nouveau. *2 :* Fève. *3 :* Asperge verte. *4 :* Artichaut camus. *5 :* Haricot vert. *6 :* Oignon doux.

7 : Carotte nouvelle. *8 :* Radis rose. *9 :* Pomme de terre nouvelle. *10 :* Brocolis. *11 :* Fenouil.

1 : Pourpier. *2 :* Oignon nouveau. *3 :* Chou rave. *4 :* Oignon rouge nouveau.

5 : Asperge blanche. *6 :* Céleri branche. *7 :* Petit pois. *8 :* Chou fleur.

RADIS ROSES À L'ÉTUVÉE, BEURRE À L'ESTRAGON

Pour 4 personnes
2 bottes de radis roses (400 g environ sans les fanes)
6 branches d'estragon
80 g de beurre
1 cuil. à soupe d'une bonne huile d'olive
Sel, poivre du moulin
Préparation
10 minutes
Cuisson
15 minutes

Préparation
Équeutez et retirez le gros des fanes des radis.
Avec un petit couteau, épluchez délicatement la pointe.
Plongez-les pendant 5 min dans une casserole d'eau bouillante salée, égouttez-les et réservez-les.
Lavez, séchez, effeuillez et hachez l'estragon.
Faites fondre le beurre dans une sauteuse, saisissez les radis dans le beurre mousseux et laissez-les cuire 10 min à feu doux, sans les colorer. Arrêtez le feu, ajoutez l'huile d'olive et l'estragon haché, rectifiez l'assaisonnement en sel et poivre, et mélangez.
Dégustez en garniture d'un rôti de veau ou d'un poisson au four.

Il est possible de remplacer l'estragon par du persil plat.

FEUILLETÉ DE POIREAUX À LA RICOTTA

Pour 4 personnes
4 petits poireaux
1 rouleau de pâte feuilletée
125 g de ricotta
4 cuil. à soupe d'huile d'olive
Persil plat
50 g de mimolette vieille
Sel, poivre du moulin
Préparation
20 minutes
Cuisson
45 minutes

Préparation
Retirez les trois quarts du vert des poireaux. Ouvrez les poireaux sur toute leur longueur et lavez-les sous un filet d'eau froide en les gardant entiers, puis séchez-les.
Préchauffez votre four à 180 °C (th. 6).
Étalez la pâte feuilletée sur une plaque à pâtisserie recouverte d'une feuille de papier cuisson. Étalez la ricotta, déposez les demi-poireaux entiers, salez et poivrez, et ajoutez l'huile d'olive.
Enfournez la tarte pour 45 min de cuisson. Sortez-la lorsque les poireaux sont cuits. Laissez-la tiédir, saupoudrez de persil haché, râpez la mimolette vieille et dégustez avec une salade.

Si vous préférez, vous pouvez utiliser une préparation de fromage frais à l'ail, comme le Boursin® ou le Tartare®, au lieu de la ricotta.

SALADE DE HARICOTS VERTS AU SÉSAME ET AU CITRON VERT

Pour 4 personnes
800 g de haricots verts extra-fins
1 cuil. à soupe de pâte de sésame
(en vente dans les épiceries asiatiques ou bio)
2 cuil. à soupe d'huile de sésame
4 cuil. à soupe de sauce soja
2 citrons verts bio
2 cuil. à soupe de graines de sésame dorées
Poivre du moulin
Préparation
10 minutes
Cuisson
15 minutes

Préparation

Faites cuire les haricots verts dans une grande casserole d'eau bouillante salée. Égouttez-les et rafraîchissez-les sous un filet d'eau froide : ils doivent être légèrement croquants. Mélangez-les avec la pâte de sésame, ajoutez l'huile de sésame et la sauce soja, puis râpez le zeste des citrons, pressez-les et ajoutez le jus, poivrez et mélangez. Dressez les haricots verts dans un plat de service. Saupoudrez avec les graines de sésame et dégustez nature, en entrée ou en garniture de gambas grillées.

POURPIER, VINAIGRETTE ESTRAGON ET JAMBON SÉCHÉ

Pour 4 personnes
200 g de pourpier
4 tranches de jambon cru
2 tranches épaisses de pain de campagne
6 cuil. à soupe d'huile d'olive
1 botte d'estragon
2 cuil. à soupe de vinaigre de vin
1 cuil. à café de moutarde en grains
Sel, poivre du moulin
Préparation
25 minutes
Cuisson
15 minutes

Préparation

Préchauffez votre four à 180 °C (th. 6).
Lavez et séchez le pourpier. Enfournez les tranches de jambon pour 8 à 10 min de cuisson afin de les sécher, puis découpez-les en morceaux. Taillez le pain de campagne en gros croûtons et faites-les revenir dans une poêle avec 2 cuil. à soupe d'huile d'olive, salez et poivrez, et réservez au chaud. Lavez, effeuillez et hachez grossièrement la botte d'estragon. Cinq minutes avant de déguster, réchauffez le jambon et les croûtons. Dans un saladier, mélangez le pourpier, l'estragon, 4 cuil. à soupe d'huile d'olive, le vinaigre de vin et la moutarde, puis ajoutez les croûtons et les morceaux de jambon. Dégustez immédiatement.

Salade de haricots verts au sésame et au citron vert | ↑ |

POMMES DE TERRE NOUVELLES À LA PEAU, BEURRE DE SAUGE

Pour 4 personnes
1 kg de petites pommes de terre nouvelles
2 cuil. à soupe d'huile d'olive
100 g de beurre
10 feuilles de sauge
Sel, poivre du moulin
Préparation
10 minutes
Cuisson
40 minutes

Préparation
Préchauffez votre four à 180 °C (th. 6).
Brossez les pommes de terre avec la peau sous un filet d'eau froide, puis séchez-les à l'aide d'un torchon.
Déposez-les dans un grand plat, arrosez-les d'huile d'olive, puis enfournez-les pour 30 ou 35 min de cuisson et laissez-les dorer, en les tournant régulièrement.
Pendant ce temps, faites fondre le beurre dans une petite casserole, ajoutez les feuilles de sauge et laissez-les cuire à feu doux jusqu'à ce qu'elles dorent, puis arrêtez le feu. Le beurre doit être légèrement noisette. Réservez l'ensemble à température ambiante.
Lorsque les pommes de terre sont cuites, mettez-les dans une grande poêle, ajoutez le beurre avec la sauge, chauffez quelques minutes, puis dégustez immédiatement avec une salade ou en garniture d'un rôti ou d'un poulet au four.

ASPERGES RÔTIES AU JAMBON CRU, AÏOLI À L'AIL DOUX

Pour 4 personnes
10 tranches fines de jambon de Parme ou de speck
20 asperges vertes
8 gousses d'ail doux
1 jaune d'œuf
10 cl d'huile de tournesol
2 cuil. à soupe d'huile d'olive
Sel, poivre du moulin
Préparation
25 minutes
Cuisson
15 minutes

Préparation
Découpez les tranches de jambon en deux. Épluchez délicatement les asperges, coupez les extrémités. Enveloppez les queues jusqu'à la pointe avec le jambon cru et réservez. Épluchez et écrasez les gousses d'ail dans un mortier, jusqu'à obtenir une purée. Salez, poivrez, ajoutez le jaune d'œuf et montez l'aïoli comme une mayonnaise en incorporant l'huile de tournesol peu à peu, en remuant avec le bâton du mortier. Réservez à température ambiante.
Chauffez l'huile d'olive dans une grande poêle. Saisissez les asperges dans l'huile chaude, laissez colorer, puis baissez le feu et faites cuire pendant 10 min à feu doux, en tournant les asperges de temps en temps. Piquez-les avec la pointe d'un couteau : elles doivent être cuites, mais rester fermes. Arrêtez le feu, puis dégustez tiède avec l'aïoli et des tranches de pain de campagne grillées.

Asperges rôties au jambon cru, aïoli à l'ail doux | ↑ |

CRÈME D'ARTICHAUT À L'HUILE DE TRUFFE

Pour 4 personnes
6 gros artichauts
1 petite boîte de lamelles de truffe au jus (ou à l'huile)
4 cuil. à soupe de crème fraîche
2 cuil.s à soupe d'huile de truffe
Sel, poivre du moulin
Préparation
10 minutes
Cuisson
35 minutes

Préparation
Retirez les queues des artichauts, puis mettez-les à cuire à la vapeur ou dans une grande marmite d'eau bouillante salée.
Égouttez les lamelles de truffe dans une assiette et réservez le jus. Égouttez les artichauts, puis effeuillez-les et récupérez la chair sur chaque feuille avec une petite cuillère. Retirez le foin et découpez les cœurs en gros morceaux. Mixez la chair tiède des cœurs et des feuilles des artichauts avec la crème, l'huile et le jus de truffe. Rectifiez l'assaisonnement en sel et poivre, dressez la crème dans quatre bols et ajoutez les lamelles de truffe.
Dégustez immédiatement en entrée ou en garniture de coquilles Saint-Jacques à la poêle.

Si vous n'avez pas le temps de préparer les artichauts, vous pouvez utiliser une conserve de cœurs d'artichauts au jus. Il est aussi possible de remplacer les lamelles de truffe par des tranches de chorizo poêlées.

SALADE DE BROCOLI ET CHOU-RAVE AUX FRUITS SECS

Pour 4 personnes
500 g de chou-rave
1 botte de ciboulette
500 g de brocoli
4 cuil. à soupe d'huile d'olive
30 g d'amandes effilées
30 g de noisettes
20 g de pistaches mondées
Sel, poivre du moulin
Préparation
45 minutes
Cuisson
15 minutes

Préparation
Lavez, épluchez et taillez le chou-rave en fines tranches à l'aide d'une mandoline. Lavez et taillez la botte de ciboulette en quatre. Découpez le brocoli en petits morceaux réguliers, puis plongez-les pendant 5 min dans une casserole d'eau bouillante ; égouttez-les et rafraîchissez-les : ils doivent être encore croquants.
Chauffez l'huile d'olive dans une grande poêle, saisissez les fruits secs, laissez-les colorer quelques minutes, puis ajoutez les morceaux de brocoli. Laissez cuire 3 min en remuant, puis arrêtez le feu et dressez l'ensemble dans un grand plat. Ajoutez les lamelles de chou-rave et la ciboulette. Versez l'huile d'olive, salez et poivrez, mélangez et dégustez.

Veillez à ce que le brocoli reste bien croquant.

NAVETS NOUVEAUX AU MIEL ET AU CONFIT

Pour 4 personnes
20 petits navets nouveaux
4 cuisses de canard confit
1 cuil. à soupe de graisse de canard
3 cuil. à soupe de miel liquide
4 cuil. à soupe de sauce soja
Sel, poivre du moulin
Préparation
25 minutes
Cuisson
35 minutes

Préparation
Préchauffez votre four à 180 °C (th. 6).
Épluchez délicatement les navets en laissant une pointe de fanes. Plongez-les 10 min dans de l'eau bouillante salée, puis égouttez-les.
Enfournez les cuisses de canard confit dans un grand plat à gratin pour 10 min de cuisson.
Chauffez la graisse de canard dans une poêle, saisissez les navets et laissez colorer 2 à 3 min, puis ajoutez le miel et faites caraméliser. Déglacez avec la sauce soja, baissez le feu et glacez les navets en les arrosant sans cesse, jusqu'à ce qu'ils deviennent marron (vous pouvez ajouter un peu d'eau si le fond de sauce a trop réduit). Ajoutez les navets aux cuisses de confit, ajoutez le jus de cuisson et dégustez avec une salade de cresson.

PETITS POIS À LA FRANÇAISE

Pour 4 personnes
2 cœurs de sucrines
2 oignons doux
2 tranches épaisses de poitrine fumée
80 g de beurre
2 branches de thym
1 feuille de laurier
1 kg de petits pois écossés
Sel, poivre du moulin
Préparation
20 minutes
Cuisson
35 minutes

Préparation
Lavez et découpez les sucrines en quatre. Épluchez et hachez les oignons. Découpez la poitrine fumée en gros lardons.
Faites fondre le beurre dans une cocotte, saisissez les lardons, les oignons, le thym et le laurier dans le beurre mousseux et laissez cuire 5 min, sans coloration. Ajoutez les petits pois, salez et poivrez, baissez le feu et faites cuire 20 min à feu doux, en remuant de temps en temps. Ajoutez les morceaux de sucrines et laissez cuire encore 10 min en remuant. Lorsque les petits pois sont bien cuits, arrêtez le feu et rectifiez l'assaisonnement en sel et poivre.
Dégustez immédiatement en garniture d'un poulet ou d'un rôti de porc.

CRÈME D'ASPERGES AU SAUMON

Pour 4 personnes
4 asperges vertes
1 kg d'asperges blanches ou violettes
80 g de beurre
30 cl de bouillon de légumes (en poudre ou surgelé)
30 cl de crème liquide
1 petite botte de ciboulette
300 g de filet de saumon frais
3 tranches de saumon fumé
1 cuil. à soupe d'huile d'olive
Sel, poivre du moulin
Préparation
30 minutes
Cuisson
45 minutes

Préparation
Épluchez les asperges vertes, détachez les pointes et plongez-les 5 min dans l'eau bouillante salée, puis réservez au frais. Épluchez et émincez grossièrement les asperges blanches. Faites fondre le beurre dans une petite cocotte et saisissez les morceaux d'asperges blanches et les queues des asperges vertes dans le beurre mousseux. Laissez cuire 5 min sans coloration, puis mouillez avec le bouillon de légumes. Laissez réduire d'un tiers, puis versez la crème. Salez, poivrez et laissez cuire 35 min à feu doux, en remuant régulièrement. Pendant ce temps, lavez et hachez la ciboulette. Hachez les deux saumons, émincez les pointes d'asperges vertes, puis mélangez l'ensemble avec la cuillerée à soupe d'huile d'olive. Mixez la crème d'asperges, rectifiez son assaisonnement en sel et poivre, et servez-la dans quatre bols. Dégustez immédiatement avec la préparation au saumon en accompagnement.

QUICHE AUX OIGNONS NOUVEAUX ROSÉS

Pour 4 personnes
Pour la pâte :
125 g de farine
85 g de beurre
1 œuf
Pour la garniture :
1 botte d'oignons nouveaux rosés
50 g de beurre
4 œufs
50 cl de crème liquide
150 g de beaufort (ou de comté)
1 cuil. à soupe d'huile de tournesol
Sel, poivre du moulin
Préparation
20 minutes
Repos
55 minutes
Cuisson
40 minutes

Préparation
Malaxez la farine avec le beurre et l'œuf jusqu'à ce que la pâte prenne une consistance sableuse. Réservez pendant 30 min au frais.
Épluchez et coupez les oignons en deux dans la longueur. Faites fondre le beurre et l'huile dans une poêle, saisissez les oignons et faites-les colorer quelques minutes, puis arrêtez le feu. Dans un saladier, mélangez les œufs, la crème et le beaufort râpé ; salez et poivrez. Préchauffez votre four à 170 °C (th. 5-6). Étalez la pâte sur le plan de travail, préalablement fariné, et déposez-la dans un grand plat à tarte. Piquez le fond avec une fourchette et versez la préparation aux œufs. Disposez les oignons sur le dessus et enfournez la quiche pour 30 min de cuisson. Lorsqu'elle est bien cuite et bien colorée, sortez-la du four et laissez-la reposer 25 min avant de déguster.

Quiche aux oignons nouveaux rosés | ↑ |

SUCRINE, CHIPS D'AIL ET D'OIGNON, VINAIGRETTE AU BLEU

Pour 4 personnes
5 cl de crème fraîche
50 g de bleu (ou de roquefort, ou de fourme d'Ambert)
5 gousses d'ail rose
2 oignons doux
2 cuil. à soupe de farine
1 bain de friture
2 bottes de ciboulette
4 cuil. à soupe d'huile d'olive
2 cuil. à soupe de vinaigre de vin
2 laitues sucrines
Sel, poivre du moulin
Préparation
25 minutes
Cuisson
10 minutes

Préparation
Chauffez la crème dans une petite casserole, ajoutez le bleu en fouettant, puis arrêtez le feu et laissez refroidir.
Épluchez et émincez les gousses d'ail et les oignons. Farinez-les, faites-les frire, égouttez-les sur du papier absorbant et réservez. Lavez, essorez et hachez grossièrement la ciboulette. Tout en fouettant, ajoutez l'huile d'olive et le vinaigre dans la crème au bleu, salez et poivrez. Fendez les salades en deux, rincez-les, puis essorez-les sans détacher les feuilles. Déposez une demi-salade dans chaque assiette, nappez d'une bonne quantité de sauce, ajoutez les fritures d'oignon et d'ail, la ciboulette fraîche et dégustez immédiatement.

Pensez aussi à utiliser du chèvre sec au lieu de bleu.

OIGNONS FARCIS AUX FOIES DE VOLAILLE

Pour 4 personnes
2 gousses d'ail
4 très gros oignons
5 branches de persil plat
400 g de foies de volaille
80 g de beurre
2 cuil. à soupe d'huile de noix
1 cuil. à soupe d'huile de tournesol
4 cuil. à soupe de porto
4 cuil. à soupe de chapelure
Sel, poivre du moulin
Préparation
45 minutes
Cuisson
55 minutes

Préparation
Épluchez et pressez l'ail. Épluchez et videz délicatement les oignons. Hachez la partie extraite et réservez-la. Effeuillez, lavez et hachez le persil plat. Découpez les foies de volaille en petits morceaux.
Préchauffez votre four à 180 °C (th. 6). Chauffez le beurre, 1 cuil. à soupe d'huile de noix et la cuil. à soupe d'huile de tournesol dans une poêle, saisissez les oignons hachés, puis ajoutez la cuillerée à soupe d'huile de noix restante. Laissez caraméliser, puis ajoutez les foies de volaille ; salez et poivrez, et faites cuire 10 min à feu vif en remuant. Déglacez avec le porto et laissez réduire, puis arrêtez le feu, ajoutez 2 cuil. à soupe de chapelure, l'ail haché et le persil, et mélangez.
Garnissez les gros oignons avec la préparation aux foies de volaille, déposez-les dans un plat à gratin, arrosez d'un filet d'huile de noix, saupoudrez du reste de chapelure et enfournez pour 45 min de cuisson. Lorsque les oignons sont bien cuits, dressez-les dans des assiettes et dégustez avec une purée de pommes de terre ou de potiron.

Cette recette fonctionne aussi avec du veau haché.

CAKE ROQUETTE-CAROTTE [1]

Pour 4 personnes: *200 g de roquette \ 100 g de farine \ 1 sachet de levure chimique \ 3 œufs \ 10 cl de lait \ 8 cl d'huile d'olive \ 150 g de fromage râpé \ 200 g de carottes râpées \ Beurre (pour le moule) \ Sel, poivre du moulin*
Préparation: *20 minutes* \ **Cuisson:** *45 minutes*
Préchauffez votre four à 170 °C (th. 5-6).
Lavez la roquette et hachez-la grossièrement.
Mélangez, dans l'ordre, la farine, la levure, les œufs, le lait, l'huile d'olive et le fromage râpé.
Ajoutez la roquette crue et les carottes râpées, mélangez délicatement.
Beurrez un moule à cake, versez la pâte, tassez bien et enfournez pour 45 min de cuisson.
Démoulez quand le cake est chaud.
Dégustez froid ou chaud, accompagné d'une salade.

CÉLERI SAUTÉ AU WOK [2]

Pour 4 personnes: *5 branches de céleri \ 2 gousses d'ail \ 2 oignons nouveaux \ 15 feuilles de basilic \ 20 g de gingembre \ 2 cuil. à soupe d'huile d'arachide \ 20 noix de cajou \ 4 cuil. à soupe de sauce soja \ 1 cuil. à soupe de graines de sésame \ 1 cuil. à café d'huile de sésame \ Sel, poivre du moulin*
Préparation: *25 minutes* \ **Cuisson:** *25 minutes*
Lavez, épluchez et émincez le céleri.
Épluchez et découpez l'ail en fines tranches.
Lavez, épluchez et émincez les oignons nouveaux.
Lavez et séchez les feuilles de basilic. Épluchez et émincez le gingembre.
Chauffez l'huile d'arachide dans le wok, saisissez l'ail, l'oignon et le gingembre dans l'huile fumante; laissez colorer quelques minutes, puis ajoutez les morceaux de céleri et les noix de cajou. Laissez cuire 5 min, à feu vif puis, en remuant, versez la sauce soja et laissez réduire, toujours à feu vif, sans cesser de remuer.
Arrêtez le feu, ajoutez les feuilles de basilic, mélangez et ajoutez les graines de sésame et l'huile de sésame.
Dégustez nature ou en garniture d'un poisson.

FONDUE D'ÉPINARDS AU RAISIN, PIGNONS ET PARMESAN [3]

Pour 4 personnes: *300 g de jeunes épinards tendres \ 2 grappes de raisin noir \ 4 cuil. à soupe d'huile d'olive \ 50 g de pignons de pin \ 50 g de parmesan \ Sel, poivre du moulin*
Préparation: *20 minutes* \ **Cuisson:** *10 minutes*
Équeutez, lavez et égouttez les épinards dans un panier à salade. Lavez et égrenez le raisin. Chauffez l'huile d'olive dans une grande poêle, saisissez les pignons de pin, laissez colorer, puis égouttez-les dans une assiette. Mettez les épinards dans la poêle avec de l'huile d'olive chaude, salez et poivrez, mélangez et arrêtez le feu lorsque les épinards commencent à cuire. Ajoutez les grains de raisin et les pignons de pin, mélangez et répartissez dans quatre assiettes. Saupoudrez de parmesan râpé et dégustez.

FENOUIL AU JAMBON, COMME LES ENDIVES [4]

Pour 4 personnes: *4 bulbes de fenouil \ 4 grandes tranches de jambon blanc \ 50 cl de crème liquide \ 80 g de beurre \ 200 g de fromage râpé \ Muscade \ Sel, poivre du moulin*
Préparation: *25 minutes* \ **Cuisson:** *40 minutes*
Plongez les bulbes de fenouil pendant 5 min dans une casserole d'eau bouillante salée, égouttez-les, puis coupez-les en deux dans le sens de la longueur. Enveloppez chaque morceau de fenouil avec une demi-tranche de jambon et disposez-les dans un grand plat à gratin.
Préchauffez votre four à 180 °C (th. 6). Versez la crème dans une casserole, ajoutez le beurre, salez et poivrez, puis muscadez fortement. Portez à ébullition en fouettant. Lorsque le beurre est fondu, nappez les morceaux de fenouil. Recouvrez de fromage râpé, puis enfournez pour 35 min de cuisson.
Quand le fenouil est bien gratiné, dégustez immédiatement accompagné d'une salade verte.

1

2

3

4

FRICASSÉE DE FÈVES, OIGNONS ROUGES AUX LARDONS DE CHORIZO

Pour 4 personnes
2,5 kg de fèves entières
2 oignons rouges
12 tranches de chorizo
5 branches de persil plat
4 gousses d'ail
2 cuil. à soupe d'huile d'olive
80 g de beurre
Sel, poivre du moulin
Préparation
30 minutes
Cuisson
25 minutes

Préparation
Écossez les fèves, plongez-les pendant 30 s dans une casserole d'eau bouillante, rafraîchissez-les et retirez les peaux épaisses. Épluchez et émincez les oignons rouges. Émincez les tranches de chorizo. Lavez et hachez le persil plat. Épluchez et émincez les gousses d'ail.
Chauffez l'huile d'olive dans une grande cocotte, saisissez les oignons rouges et l'ail dans l'huile chaude, puis laissez roussir 10 min. Baissez le feu, ajoutez le beurre, le chorizo et les fèves, salez et poivrez, et laissez cuire 15 min à feu doux, en remuant de temps en temps. Ajoutez le persil et l'ail hachés, mélangez et dégustez immédiatement, nature ou en garniture d'une pintade rôtie ou d'un rouget au four.

POTAGE DE BETTERAVES AUX OIGNONS NOUVEAUX, AUX PETITS POIS ET AU BACON

Pour 4 personnes
5 branches de persil plat
8 tranches fines de bacon
1 botte d'oignons nouveaux
2 jeunes betteraves crues
200 g de petits pois frais
80 g de beurre
25 cl de bouillon de volaille, ou de légumes, ou de pot-au-feu (en tablettes bio)
Sel, poivre du moulin
Préparation
35 minutes
Cuisson
1 heure environ

Préparation
Effeuillez, lavez et hachez le persil plat. Émincez les tranches de bacon. Épluchez et émincez les oignons avec les queues. Épluchez et découpez les betteraves en tranches fines. Écossez les petits pois.
Faites fondre le beurre dans une cocotte, saisissez les oignons et le bacon dans le beurre mousseux, et laissez roussir 5 min à feu doux, en remuant.
Ajoutez les betteraves, mouillez avec le bouillon de volaille, ajoutez 25 cl d'eau et laissez mijoter sans couvercle pendant 1 h à feu doux.
Environ 15 min avant la fin de la cuisson, ajoutez les petits pois et le persil haché. Rectifiez l'assaisonnement en sel et poivre.
Dressez le potage dans des assiettes creuses, puis dégustez avec des croûtons de pain grillés.

Fricassée de fèves, oignons rouges aux lardons de chorizo | ↑ |

POTAGE DE CHOU-FLEUR CARAMÉLISÉ ET DE SÉSAME

Pour 4 personnes
1 chou-fleur
100g de beurre
1 cuil. à café de cassonade
1 cuil. à soupe de crème de sésame
1 cuil. à café d'huile de sésame
1 cuil. à soupe de graines de sésame dorées
Sel, poivre du moulin
Préparation
25 minutes
Cuisson
1 heure

Préparation

Découpez le chou-fleur en morceaux et faites-le cuire pendant 45 min dans de l'eau bouillante : il doit être très cuit. Vérifiez en le piquant avec la pointe d'un couteau, puis égouttez-le et réservez l'eau de cuisson.
Faites fondre le beurre dans une petite cocotte. Lorsqu'il commence à devenir noisette, ajoutez les morceaux de chou-fleur et la cassonade, baissez le feu et laissez caraméliser en remuant à feu doux. Quand le chou-fleur est bien caramélisé, ajoutez l'eau de cuisson jusqu'à hauteur, la crème et l'huile de sésame, portez à ébullition, puis mixez. Rectifiez l'assaisonnement en sel et poivre, et saupoudrez de graines de sésame. Dégustez dans des assiettes creuses, accompagné de gressins.

JARDINIÈRE DE LÉGUMES ÉTUVÉS AU SAFRAN

Pour 6 personnes
80g de beurre à température ambiante
1 dosette de safran
1 botte de carottes
1 botte de navets
500g de petits pois frais
600g de fèves fraîches
200g de pois gourmands
150g de haricots verts
1 botte de radis roses
20 petites asperges vertes
2 cuil. à soupe d'huile d'olive
Sel, poivre du moulin
Préparation
40 minutes
Cuisson
40 minutes

Préparation

Mélangez le beurre mou avec le safran.
Épluchez, grattez ou écossez tous les légumes, en préservant une partie des fanes. Plongez les carottes et les navets 7 min dans une casserole d'eau bouillante salée et les autres légumes, 3 min, puis égouttez-les et rafraîchissez-les.
Faites fondre le beurre à feu doux dans une grande poêle. Posez délicatement les légumes dans le beurre mousseux, ajoutez 2 cuil. à soupe d'eau et l'huile d'olive, puis laissez étuver pendant 30 min, toujours à feu doux, en les remuant de temps en temps et en les arrosant régulièrement avec le jus de cuisson pour les glacer. Lorsque les légumes sont cuits et fondants, arrêtez le feu et rectifiez l'assaisonnement en sel et poivre. Dégustez immédiatement avec un poisson grillé.

SALADE DE LÉGUMES CROQUANTS, VINAIGRETTE DE SARDINES À L'HUILE

Pour 4 personnes
2 petites courgettes
10 gros radis
4 carottes nouvelles
100 g de pois gourmands
2 cœurs de sucrine
1 botte de ciboulette
2 branches de menthe
1 boîte de filets de sardines à l'huile (sans arêtes)
1 citron bio
Sel, poivre du moulin
Préparation
30 minutes
Cuisson
5 minutes

Préparation
Lavez et taillez finement à la mandoline ou à l'économe les courgettes, sans les éplucher. Épluchez et taillez finement à la mandoline ou à l'économe les radis et les carottes. Écossez les pois gourmands. Lavez et coupez les sucrines en quatre dans la longueur.
Plongez les carottes, les courgettes et les pois gourmands pendant 3 à 4 min dans une casserole d'eau bouillante salée (attention de bien les garder croquants), puis égouttez-les et rafraîchissez-les.
Lavez et ciselez la ciboulette, effeuillez et ciselez la menthe. À l'aide d'une fourchette, écrasez les sardines avec leur huile dans un saladier.
Ajoutez les légumes, les herbes, râpez le zeste du citron et pressez-le, puis ajoutez le jus et rectifiez l'assaisonnement en sel et poivre.
Dégustez immédiatement accompagné de pain grillé ou de gressins.

TOMATES SÉCHÉES AU FOUR À L'ORIGAN

Pour 4 personnes
5 branches d'origan (ou 1 cuil. à soupe d'origan séché)
10 tomates bien fermes (de préférence, des Romaine)
4 cuil. à soupe d'huile d'olive
Sel, poivre du moulin
Préparation
10 minutes
Cuisson
1 heure et 30 minutes

Préparation
Préchauffez votre four à 100 °C (th. 3-4).
Lavez et effeuillez la moitié de l'origan. Lavez, séchez et ouvrez les tomates en deux, puis retirez les pépins.
Recouvrez une grande plaque avec une feuille de papier sulfurisé humide. Alignez les tomates, la peau contre le papier. Arrosez d'huile d'olive, salez, poivrez, saupoudrez d'origan et enfournez pour 1 h de cuisson. Retournez les tomates et enfournez-les de nouveau pour 30 min de cuisson.
Lorsqu'elles sont séchées, laissez les tomates refroidir et dégustez-les avec des pâtes ou en garniture d'une salade.

Salade de légumes croquants, vinaigrette de sardines à l'huile | ↑ |

CÔTE DE BŒUF

Tomates séchées au four à l'origan

Deuxième chapitre

ÉTÉ

Poivron rouge	Courgette fleur	Tomate oliva	Avocat
Poivron jaune	Concombre	Tomate jaune	Romaine
Poivron vert	Artichaut poivrade	Tomate verte	Melon
Piment	Maïs	Courgette trompette	Citron
Aubergine blanche	Ail rose	Tomate noire	Chou frisé
Aubergine violette	Haricot beurre	Basilic	Thym
Courgette	Tomate cœur de lion	Serpolet	Romarin
Courgette ronde	Tomate cerise	Maïs	Tomate peretti

LÉGER COMME L'ÉTÉ

La chaleur s'est installée. On rêve d'aliments légers, frais et juteux. C'est à ces trois caractéristiques que correspondent les légumes d'été. On les consomme plus facilement crus que l'hiver. Ça croque sous la dent avec un peu de sel, d'huile d'olive ou au naturel. Lorsque les légumes sont bons, ils se suffisent à eux-mêmes. Prenez la tomate. L'été annonce son grand retour. Si elle apparaît sur les étals des primeurs dès le printemps, les mois de juillet, d'août et de septembre sont les meilleurs pour la déguster. Attention, cependant, à bien la choisir. Il en existe plusieurs milliers de variétés. C'est le légume le plus consommé au monde après la pomme de terre.

On ne parle plus aujourd'hui de la tomate, mais des tomates. Depuis une grosse décennie, on a découvert toutes sortes de variétés dites anciennes. La grosse tomate Ananas, la Noire de Crimée, la Green Zebra, la Cornue des Andes, les tomates cerise, les tomates grappe, les tomates aplaties, allongées, en forme de poire ou cylindriques, les tomates à salade, à coulis, à farcir… La Cœur de bœuf est une grosse tomate à la chair dense et au goût puissant ; c'est une des tomates les plus prisées par les gastronomes, mais attention, il existe des imitations qui n'ont que l'aspect en commun avec la véritable Cœur de bœuf. Les fausses Cœur de bœuf sont insipides et farineuses.

Si les tomates annoncent à elles seules un festival de couleurs dans l'assiette, les autres légumes participent au tableau : les poivrons explosent de vert, de rouge, d'orange et de jaune, les aubergines se déclinent en pourpre plus ou moins foncé ou en blanc, la courgette est certes verte, mais pas uniquement, la jaune étant à présent très répandue. Elle est longue, mais aussi ronde. Bref, depuis quelques années, les maraîchers ont diversifié les espèces pour le plaisir des yeux comme des papilles. Car tous ces légumes ont leur goût.

En cette saison, n'oublions pas les concombres très désaltérants, ainsi que les artichauts poivrade, qui sont les stars de la cuisine italienne. Leur consommation est moins répandue en France, alors que leur saveur est très caractéristique et apporte des goûts légèrement astringents. L'ail, que l'on cuisine toute l'année sec, est de retour en version fraîche. Sa saveur est plus subtile. On peut même fonder certaines préparations entièrement sur lui. Ainsi, le *ajo blanco* espagnol, une soupe froide à base d'ail et d'amandes. Le maïs frais est également de saison. On l'oublie très souvent tant on a l'habitude de l'acheter en boîte pour agrémenter une salade composée, mais sa saveur est plus fine en épis. Plaisir de l'enfance pour certains, un épis de maïs badigeonné de beurre salé est une véritable friandise…

Ci contre : Couscous d'Alain Passard.

L'AIL ROSE DE LAUTREC

La ville de Lautrec célèbre chaque année l'ail rose. Le terroir argilo-calcaire confère à l'ail sa couleur layette. Son bulbe est très dodu et ses courbes harmonieuses. Cet ail se conserve très longtemps. Sa saveur est marquée, mais très subtile et plus sucrée que celle des autres aulx. On le surnomme le prince des condiments. Semé aux mois de décembre et de janvier, il lève au printemps. Courant juin, les agriculteurs coupent les hampes florales pour éviter que les fleurs ne se développent au détriment des bulbes. La récolte a lieu au mois de juillet. Les aulx doivent être arrachés à parfaite maturité afin de garantir leur conservation. Les bottes sont attachées entre elles et mises à sécher dans des hangars pendant une quinzaine de jours. Avant d'être commercialisées, les têtes d'ail sont presque entièrement déshabillées de leur peau, à l'exception de la dernière, laissant ainsi voir leur belle couleur rosée. Si vous achetez votre ail en tresse, conservez-le dans un endroit sec, à une température comprise entre 12 et 15 °C.

LE SAVIEZ-VOUS ?

Le département du Nord perpétue une jolie tradition, unique en France, l'ail fumé d'Arleux. Il est séché au vent et fumé à la sciure de bois, à la tourbe, à la courte paille ou au lignite – un charbon fossile. Ce fumage lui donne une couleur dorée et un goût caractéristique.

UN AIL, DES AULX

C'est un cas bien particulier que celui de l'ail. On ne se pose jamais cette question : quel ail vais-je mettre dans ma recette ? Tout au plus distingue-t-on l'ail nouveau et l'ail séché. Cependant, la France possède de nombreuses traditions régionales en la matière : on trouve de l'ail violet, de l'ail blanc, comme celui de la Drôme, plutôt doux, ou celui de Lomagne (entre le Gers et le Tarn-et-Garonne), à la saveur plutôt corsée. Il existe enfin une production d'ail rose en France. Deux d'entre elles se distinguent : celle de Billom (Puy-de-Dôme), qui se caractérise par sa douceur gustative et ses qualités de conservation ; celle de Lautrec (Tarn).

Ci-dessus :
Marché de Villefranche-de-Rouergue.
Page de gauche :
De l'ail en train de sécher
dans une grange.

CHAUD DEVANT !

Toutes les langues ne distinguent pas le piment du poivron, car il s'agit du même genre botanique. Le piment est un poivron fort ; il en existe de nombreuses variétés dans le monde. D'une manière générale, les petits piments sont forts et les gros plus doux, mais attention, il existe des exceptions. La France produit un seul piment.

Le piment d'Espelette

Originaire d'Amérique du Sud, le piment est cultivé dans la région d'Espelette depuis le XVIIe siècle. Bien adapté au climat local, car proche de celui de sa région d'origine, il voit sa culture se développer rapidement dans les fermes basques. À deux pas de l'océan, entourée de collines et de crêtes, la zone d'appellation jouit d'un microclimat. Les températures sont douces en été, la pluie n'est pas rare, la brise est favorisée par le relief.

À cela se sont ajoutés les savoir-faire longuement affinés au cours des siècles. Chaque producteur choisit les graines issues des plus beaux piments de sa récolte. Il faut noter que cette sélection fermière est caractéristique de la production du piment d'Espelette. En mars, les graines sont mises en germination, puis plantées dans des mottes de terreau conservées sous serre. En mai, les plants sont transportés en plein champ. Grâce aux températures élevées et à une pluviométrie importante, les plantes poussent vite jusqu'au mois de juillet. La récolte a lieu d'août à fin novembre. La production du piment d'Espelette est très respectueuse de l'environnement ; les piments étant peu gourmands en eau, l'irrigation n'est pas nécessaire et, par ailleurs, la culture ne réclame que très peu de traitements.

Disposés sur clayettes sous serres, les piments perdent lentement leur eau et sèchent ainsi peu à peu, permettant de développer les arômes. Le séchage s'achève dans un four, la dernière étape avant le broyage. Si les piments peuvent être consommés frais, ils ne bénéficient cependant pas de l'AOC sous cette forme. L'appellation s'applique au piment séché, car cette étape concentre sa saveur. Le flacon doit présenter le logo aux couleurs du Pays basque : une estampille verte et rouge, précisant « piment d'Espelette AOC », également appelé « piment d'Espelette-Ezpeletako Biperra ». La poudre est pure à 100 %. Aucun colorant, additif ou conservateur n'est autorisé.

Ci-contre : Piments d'Espelette frais.

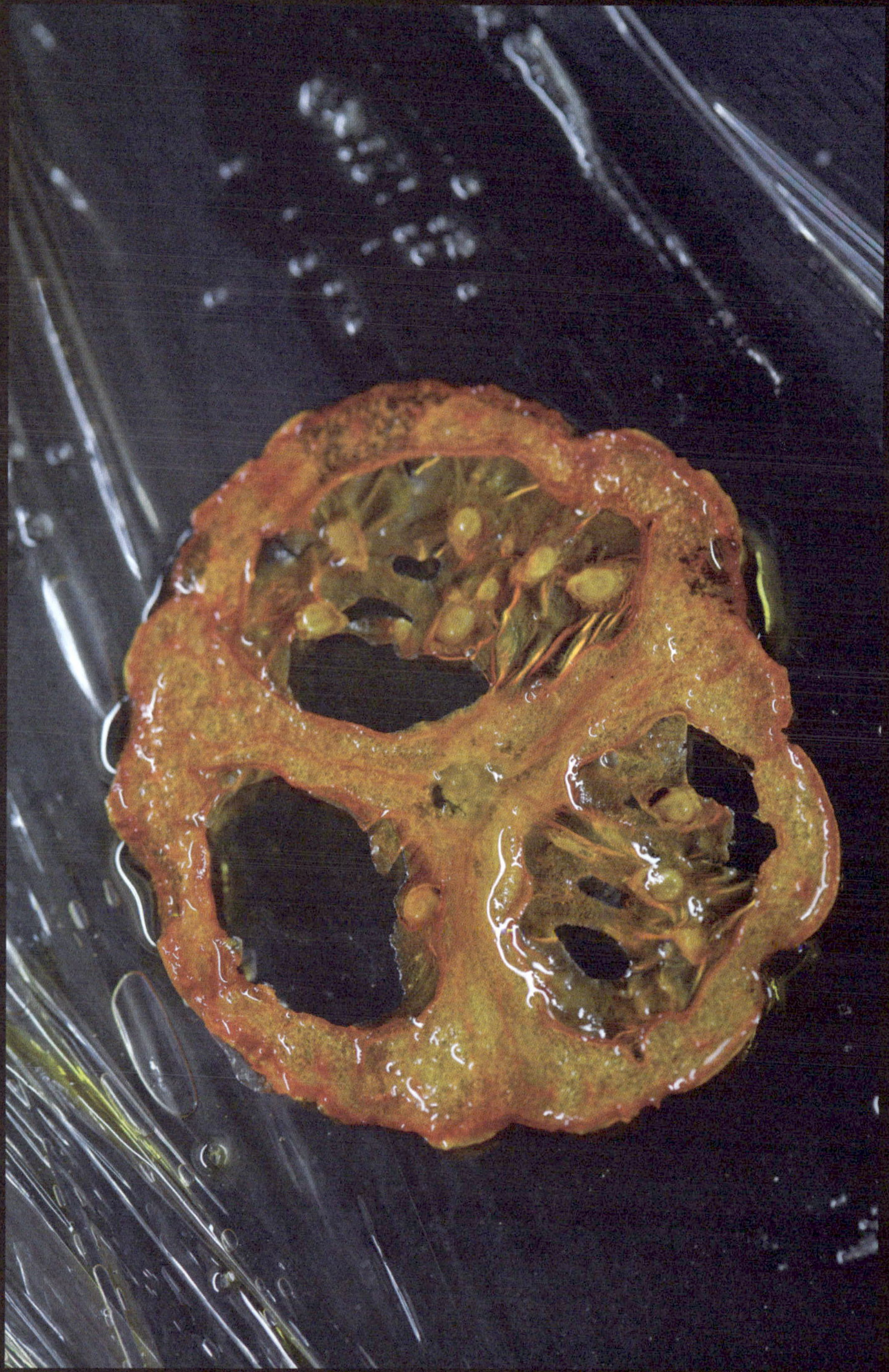

 1 : Corne de taureau. *2 :* Poivron jaune. *3 :* Poivron rouge. *4 :* Poivron vert. *5 & 7 :* Piment doux. *6 :* Poivron orange.

8 : Concombre. *9 :* Grosse courgette. *10 :* Aubergine. *11 :* Courgette ronde jaune. *12 :* Aubergine blanche. *13 :* Courgette fleur.

1 : Courgette longue. *2 :* Courgette ronde. *3 :* Aubergine pourpre. *4 :* Courgette jaune.

5: Artichaut poivrade. *6:* Épis de maïs. *7:* Ail rose. *8:* Betterave jaune. *9:* Haricot beurre. *10:* Haricot pois.

 1 : Tomate cerise. *2 :* Tomate rouge classique. *3 :* Tomate noire de Crimée. *4 :* Tomate cerise olivette. *5 :* Tomate cerise jaune.

6 : Tomate cœur de bœuf. *7 :* Tomate jaune mandarin. *8 :* Tomate Green zebra. *9 :* Tomate romaine jaune. *10 :* Tomate romaine.

TARTE À TOUTES LES TOMATES

Pour 4 personnes
4 tomates vertes Green Zebra
4 tomates Noire de Crimée
4 tomates jaunes Ananas
4 tomates longues Romaine
1 rouleau de pâte feuilletée
4 cuil. à soupe de moutarde forte
1 cuil. à café de fleur de thym séchée
4 cuil. à soupe d'huile d'olive
4 branches de thym frais
Sel et poivre du moulin
Préparation
20 minutes
Cuisson
35 minutes
Repos
10 minutes

Préparation
Préchauffez votre four à 180 °C (th. 6).
Lavez, équeutez et séchez les tomates avec un torchon et découpez-les en rondelles pas trop fines. Étalez le rouleau de pâte feuilletée dans un grand plat à tarte, badigeonnez le fond avec la moutarde forte et saupoudrez de fleur de thym séchée. Disposez les rondelles de tomates en rosace, en les intercalant par couleurs. Salez et poivrez, nappez d'huile d'olive, ajoutez les branches de thym et enfournez pour 35 min de cuisson. Lorsque la tarte est cuite, laissez-la reposer 10 min.
Dégustez la tarte tiède ou froide, avec une salade.

POIVRONS GRILLÉS ET MARINÉS À L'HUILE D'AIL

Pour 4 personnes
5 gousses d'ail rose
5 cl d'huile de pépins de raisin
2 branches de thym frais
2 poivrons rouges
2 poivrons verts
2 poivrons jaunes
Sel, poivre du moulin
Repos
1 nuit (la veille) et 1 heure et 15 minutes (le jour même)
Préparation
20 minutes
Cuisson
45 minutes

Préparation
La veille, écrasez les gousses d'ail avec la peau, mettez-les dans une petite casserole avec l'huile de pépins de raisin et le thym, et faites cuire 10 min à feu doux. Arrêtez le feu et laissez infuser une nuit à température ambiante.
Le jour même, préchauffez le gril du four.
Lavez, séchez et badigeonnez les poivrons avec un peu d'huile à l'ail. Placez-les sur la plaque du four et faites-les colorer plusieurs minutes sous le gril. Lorsqu'ils commencent à brûler, retournez-les avec une fourchette et faites-les brûler de nouveau. Lorsqu'ils sont colorés, mettez-les encore brûlants dans un grand saladier, recouvrez de film alimentaire et laissez reposer 15 min. Lorsqu'ils commencent à refroidir, retirez la peau, puis coupez-les en deux et retirez les pépins. Mettez-les à mariner dans l'huile à l'ail 1 h environ.
Dégustez-les en salade avec des anchois ou avec de la mozzarella sur une tranche de pain grillé.

Poivrons grillés et marinés à l'huile d'ail | ↑ | | ↓ | Fleurs de courgettes farcies au fromage de chèvre frais et au citron

FLEURS DE COURGETTES FARCIES AU FROMAGE DE CHÈVRE FRAIS ET AU CITRON

Pour 4 personnes
8 petites courgettes avec leurs fleurs
200 g de chèvre frais, type Petit Billy®
2 cuil. à soupe de parmesan râpé
1 cuil. à café de thym haché et séché
3 jaunes d'œufs
4 cuil. à soupe d'huile d'olive
2 citrons jaunes bio
Sel, poivre du moulin
Préparation
45 minutes
Cuisson
40 minutes

Préparation

Préchauffez votre four à 170 °C (th. 5-6).
Lavez et faites cuire les courgettes avec leurs fleurs pendant 15 min dans un cuiseur vapeur.
Elles doivent être encore fermes. Rafraîchissez-les dans un récipient d'eau glacée, puis mettez-les à égoutter sur du papier absorbant.
Dans un saladier, écrasez le fromage frais avec une fourchette, ajoutez le parmesan (en en conservant un peu pour la garniture), le thym et les jaunes d'œufs. Rapez les zestes des citrons et ajoutez-les à cette farce. Salez, poivrez et mélangez.
À l'aide d'une petite cuillère, garnissez délicatement les fleurs de courgettes avec la farce. Déposez les courgettes farcies dans un grand plat à four, arrosez d'huile d'olive, saupoudrez avec un peu de parmesan, salez, poivrez, puis enfournez-les pour 25 min de cuisson.
Sortez les courgettes du four, dressez-les dans des assiettes et dégustez-les immédiatement comme une entrée, accompagnées d'une salade de roquette.

GASPACHO GIVRÉ, TARTINE TIÈDE À LA TAPENADE

Pour 4 personnes
1 gros concombre
4 grosses tomates bien mûres
1 oignon doux
1 gousse d'ail
20 feuilles de basilic
5 cuil. à soupe d'huile d'olive
10 glaçons
4 tranches de pain de campagne
4 cuil. à café de tapenade
Sel, poivre du moulin
Préparation
10 minutes
Cuisson
30 minutes

Préparation

Épluchez et videz le concombre. Lavez et équeutez les tomates. Plongez-les 30 min dans une casserole d'eau bouillante, puis rafraîchissez-les dans un saladier d'eau froide et retirez la peau. Épluchez l'oignon et l'ail. Lavez les feuilles de basilic.
Découpez les légumes en gros morceaux, puis mixez-les avec les feuilles de basilic dans un blender, avec les glaçons, un peu d'eau froide et l'huile d'olive.
Rectifiez l'assaisonnement en sel et poivre et réservez au frais.
Dégustez glacé, accompagné d'une tartine tiède à la tapenade.

ARTICHAUTS POIVRADE AU POIVRE

Pour 4 personnes
20 artichauts poivrade
½ citron
4 cuil. à soupe d'huile d'olive
1 cuil. à soupe de poivre mignonnette
50 cl de crème liquide
5 branches de basilic
2 cuil. à soupe de sauce soja
Sel
Préparation
30 minutes
Cuisson
30 minutes

Préparation
Découpez la pointe des artichauts, retirez les feuilles épaisses, découpez le tour du cœur avec un couteau bien aiguisé et retirez le foin. Épluchez également les tiges et coupez-les en deux. Frottez-les avec le demi-citron pour éviter qu'elles noircissent.
Chauffez l'huile d'olive dans une cocotte en fonte, saisissez les artichauts dans l'huile chaude, laissez roussir à feu vif 10 min, puis ajoutez le poivre mignonnette et déglacez avec la crème liquide et la sauce soja. Baissez le feu et laissez cuire 20 min à feu doux.
Lorsque les artichauts sont cuits, arrêtez le feu, ajoutez les feuilles de basilic, mélangez, laissez infuser quelques minutes et rectifiez l'assaisonnement en sel.
Dégustez nature ou en garniture d'un steak ou d'une escalope.

PIPERADE AU JAMBON DE MONTAGNE ET AU CHORIZO

Pour 4 personnes
4 grandes tranches de jambon de Bayonne
4 gousses d'ail
2 oignons doux
4 poivrons verts
4 poivrons rouges
4 tomates
6 cuil. à soupe d'huile d'olive
8 tranches fines de chorizo
4 piments doux
2 branches de thym
2 feuilles de laurier
Sel, poivre du moulin
Préparation
30 minutes
Cuisson
50 minutes

Préparation
Coupez les tranches de jambon de Bayonne en trois morceaux. Épluchez et hachez les gousses d'ail. Épluchez et émincez les oignons. Lavez, équeutez et videz les poivrons et découpez-les en larges lanières. Lavez et coupez les tomates en quartiers.
Chauffez l'huile d'olive dans une grande cocotte, saisissez les tranches de jambon et de chorizo pendant quelques minutes dans l'huile chaude pour les colorer, puis égouttez-les sur une assiette et réservez. Ajoutez l'oignon et l'ail dans l'huile chaude, laissez colorer, puis mettez les poivrons, les piments, les tomates, le thym et le laurier. Salez, poivrez et faites cuire 40 min à feu doux en remuant de temps en temps. Lorsque les légumes sont bien cuits, remettez les tranches de jambon et le chorizo dans la cocotte, laissez mijoter encore 5 min et servez bien chaud, directement dans la cocotte.
Dégustez nature ou en garniture d'une omelette ou d'œufs brouillés.

Artichauts poivrade au poivre | ↑ |

TOMATES CŒUR DE BŒUF FARCIES À LA BRANDADE

Pour 4 personnes
200 g de morue salée (vous pouvez aussi acheter de la morue prête à l'emploi)
6 gousses d'ail
3 grosses pommes de terre
25 cl l de lait
2 branches de thym frais
2 feuilles de laurier
4 cuil. à soupe d'huile d'olive
4 grosses tomates Cœur de bœuf
Poivre du moulin
Préparation
30 minutes
Repos
12 heures
Cuisson
40 minutes

Préparation
La veille, mettez la morue à dessaler dans une grande quantité d'eau froide. Changez l'eau trois ou quatre fois.
Le jour même, épluchez et hachez les gousses d'ail.
Épluchez les pommes de terre et mettez-les à cuire dans une casserole d'eau salée. Elles doivent être très cuites. Égouttez-les et réservez-les sur une assiette.
Mettez la morue à cuire pendant 20 min avec le lait, le thym, l'ail et le laurier. Égouttez le poisson, retirez la peau et les arêtes, filtrez et réservez le lait.
Préchauffez votre four à 180 °C (th. 6).
Passez au moulin à légumes les pommes de terre en morceaux, ainsi que la chair de morue, en versant le lait tiède afin d'obtenir une purée homogène.
Ajoutez deux cuil. à soupe d'huile d'olive, rectifiez l'assaisonnement en poivre et réservez.
Découpez les chapeaux des tomates, videz-les (utilisez l'intérieur pour une autre préparation) et garnissez-les avec la brandade. Reposez les chapeaux et disposez les tomates dans un grand plat à four. Arrosez-les avec les deux dernières cuillerées à soupe d'huile d'olive et enfournez-les pour 20 min de cuisson.
La tomate ne doit pas être trop cuite.
Dégustez chaud ou tiède avec une salade de roquette.
Pour gagner du temps, vous pouvez également utiliser de la brandade toute prête, surgelée ou en conserve.

SOUPE FROIDE À LA COURGETTE ET À L'AIL, CROÛTONS FROTTÉS À LA TOMATE

Pour 4 personnes
4 branches de sarriette
5 petites courgettes
4 gousses d'ail rose
4 tomates vertes bien mûres
4 cuil. à soupe d'huile d'olive
Sel, poivre du moulin
Pour les croûtons
1 tomate rouge bien mûre
2 gousses d'ail
4 tranches de pain de campagne
2 cuil. à soupe d'huile d'olive
Sel, poivre du moulin
Préparation
35 minutes
Cuisson
35 minutes
Repos
1 heure

Préparation
Lavez, séchez, effeuillez et hachez grossièrement la sarriette. Équeutez et découpez les courgettes en gros tronçons. Épluchez et pressez les gousses d'ail.
Équeutez, lavez, séchez, videz et hachez les tomates.
Chauffez l'huile d'olive dans une poêle, saisissez les courgettes dans l'huile chaude, ajoutez l'ail pressé et les tomates. Salez, poivrez et laissez cuire à feu doux 30 min environ sans coloration. Versez le contenu dans un blender et mixez pour obtenir une soupe homogène. Rectifiez l'assaisonnement en sel et poivre, ajoutez la sarriette et réservez 1 h au frais.
Pour les croûtons : colorez les tranches de pain au four, à la poêle ou au toaster, avec l'huile d'olive, puis frottez-les avec l'ail et la tomate. Réservez à température ambiante.
Dégustez la soupe froide accompagnée des croûtons.

Soupe froide à la courgette et à l'ail, croûtons frottés à la tomate | ↑

SOUPE AU PISTOU

Pour 6 personnes
3 carottes
2 grosses pommes de terre
4 petites courgettes
200 g de haricots verts
5 tomates bien mûres
200 g de petits pois écossés frais ou surgelés
250 g de tomates cerise
5 cuil. à soupe d'huile d'olive
250 g de haricots blancs frais écossés
80 g de pâtes (coquillettes, ditali ou mini-penne)
50 g de tomme de brebis ou de parmesan
Sel, poivre du moulin
Pour le pistou
1 botte de basilic
2 tomates bien mûres
4 gousses d'ail rose
10 cl d'huile d'olive
Sel, poivre du moulin
Préparation
40 minutes
Cuisson
1 heure

Préparation
Épluchez les carottes et les pommes de terre, puis découpez-les en petits dés de 1 cm de côté environ. Réservez les pommes de terre dans un récipient d'eau froide pour éviter qu'elles noircissent. Équeutez, lavez et taillez les courgettes de la même taille que les carottes, et les haricots verts en bâtonnets. Épépinez et hachez grossièrement les tomates. Chauffez l'huile d'olive dans une cocotte en fonte. Saisissez les courgettes et les carottes dans l'huile tiède. Laissez cuire 5 min en remuant, sans coloration. Ajoutez la tomate hachée, 1,5 l d'eau et portez à ébullition. Lorsque l'eau commence à frémir, ajoutez les haricots blancs frais, les haricots verts, les pommes de terre et les pâtes. Dix minutes avant la fin de la cuisson, ajoutez les petits pois. Piquez les haricots pour vérifier la cuisson. Laissez cuire à feu doux 20 min environ, puis arrêtez le feu. Rectifiez l'assaisonnement en sel et poivre.
Préparez le pistou : effeuillez et lavez les feuilles de basilic, épépinez les tomates et épluchez les gousses d'ail. Mixez tous les ingrédients dans un blender, salez et poivrez.
Lorsque la soupe est cuite, servez immédiatement dans des assiettes creuses, assaisonnez d'une ou de deux cuillerées à soupe de pistou et dégustez avec du fromage râpé. Ajoutez les tomates cerise coupées en deux au moment de servir.

Vous pouvez préparer la soupe la veille, mais il vaut mieux réaliser le pistou au dernier moment.

RATATOUILLE AU ROMARIN ET À L'ŒUF MOELLEUX [1]

Pour 4 à 6 personnes: *2 aubergines \ 4 courgettes \ 4 tomates \ 4 gousses d'ail rose \ 2 oignons doux \ 1 poivron rouge \ 1 poivron vert \ 1 poivron jaune \ 6 cuil. à soupe d'huile d'olive ordinaire \ 1 branche de romarin \ 2 feuilles de laurier \ 6 œufs \ 3 cuil. d'huile d'olive de très bonne qualité \ Sel, poivre du moulin*

Préparation: *35 minutes* \ **Cuisson:** *1 heure et 10 minutes*

Lavez, équeutez et découpez les aubergines, les courgettes et les tomates en morceaux. Épluchez et hachez l'ail et l'oignon. Équeutez, égrainez et émincez les poivrons. Chauffez l'huile d'olive ordinaire dans une cocotte, saisissez, l'oignon, l'ail et les courgettes quelques minutes, puis ajoutez les poivrons, les tomates et les aubergines. Baissez le feu, ajoutez le romarin et le laurier, salez, poivrez et laissez cuire 1 h à feu doux. Lorsque les légumes sont cuits et fondants, réservez. Cuisez les œufs 5 min à l'eau bouillante, rafraîchissez et écalez-les. Dressez la ratatouille dans des assiettes, ajoutez du jus de cuisson et un filet d'huile d'olive, déposez au centre un œuf mollet, salez, poivrez et dégustez avec une tranche de pain grillé. Dressez la ratatouille dans des assiettes creuses, ajoutez un peu de jus de cuisson et un filet d'huile d'olive de très bonne qualité, déposez au centre un œuf mollet, salez et poivrez. Dégustez accompagné d'une tranche de pain de campagne grillée.

ROULEAUX DE PRINTEMPS AU CONCOMBRE ET AU ROUGET [2]

Pour 4 personnes

Pour la sauce aux herbes: *30 g de cacahuètes grillées salées \ 5 feuilles de menthe \ 1 botte de coriandre \ 30 g de gingembre frais \ 3 cuil. à soupe d'huile d'olive \ 2 cuil. à soupe de sauce soja (de préférence une sauce soja japonaise ou shoyu, dans une version allégée en sel)*

Pour les rouleaux de printemps: *4 filets de rouget frais (ou surgelés) \ 2 cuil. à soupe d'huile d'olive \ 1 botte de menthe \ 1 botte de coriandre \ 1 petit concombre \ 8 petites galettes de riz \ Sel, poivre du moulin*

Préparation: *35 minutes* \ **Cuisson:** *10 minutes*

Préparer la sauce: faites griller les arachides sans matière grasse et réservez. Lavez et séchez les feuilles de menthe et de coriandre. Épluchez le gingembre. Mixez tous les ingrédients et réservez.

Découpez les rougets en deux dans le sens de la longueur et poêlez-les quelques minutes avec l'huile d'olive. Lavez, effeuillez et ciselez les feuilles de menthe. Lavez, séchez et hachez la coriandre. Lavez et taillez le concombre en bandes fines avec une mandoline.

Humidifiez les galettes de riz, recouvrez-les de lamelles de concombre. Répartissez les morceaux de rouget, la menthe et la coriandre, salez, poivrez et roulez chaque galette en serrant bien. Réservez les rouleaux 5 min au frais, puis dégustez avec la sauce.

COURGETTES JAUNES RÂPÉES AU PARMESAN ET À LA CIBOULETTE [3]

Pour 4 personnes: *4 courgettes jaunes \ 1 botte de ciboulette \ 4 boules de mozzarella di buffala \ 4 cuil. à soupe d'huile d'olive \ Sel, poivre du moulin*

Préparation: *20 minutes*

Lavez et râpez les courgettes. Lavez, séchez et ciselez finement la ciboulette. Mélangez les courgettes râpées avec la ciboulette et l'huile d'olive, salez, poivrez et dressez dans quatre assiettes. Dégustez avec la mozzarella, accompagné de toasts de pain frotté avec de la tomate et assaisonné d'huile d'olive.

SALADE DE HARICOTS ET BETTERAVES JAUNES [4]

Pour 4 personnes: *4 betteraves jaunes crues \ 400 g de haricots beurre \ 4 tomates Romaine \ 5 branches de persil plat \ 5 branches de coriandre \ 1 botte de ciboulette \ 4 cuil. à soupe d'huile de colza \ 1 cuil. à soupe de vinaigre de vin \ 1 cuil. à soupe de moutarde \ Sel, poivre du moulin*

Préparation: *25 minutes* \ **Cuisson:** *1 heure*

Faites cuire les betteraves avec la peau et les haricots écossées à la vapeur.

Épluchez et découpez-les en tranches fines. Lavez et découpez les tomates en six morceaux dans la longueur. Lavez, séchez, effeuillez et hachez grossièrement les herbes. Versez l'huile, le vinaigre, la moutarde, les herbes, les tomates, les betteraves et les haricots dans un saladier, salez, poivrez, mélangez et dégustez.

1

2

3

4

SALADE DE TOMATES CERISE ET RAISIN FRAIS À L'ESTRAGON

Pour 4 personnes
500 g de tomates cerise multicolores
200 g de raisin muscat
5 branches d'estragon frais
1 botte de coriandre lavée et effeuillée
2 cuil. à soupe de sauce soja (de préférence une sauce soja japonaise, ou shoyu, dans une version allégée en sel)
4 cuil. à soupe d'huile d'olive
Sel, poivre du moulin
Préparation
10 minutes

Préparation

Lavez, séchez et découpez les tomates en deux. Équeutez, lavez et séchez les grains de raisin. Lavez, séchez, effeuillez et hachez grossièrement l'estragon.
Dans un saladier, mélangez les tomates avec les grains de raisin, l'estragon haché et les feuilles de coriandre ; ajoutez la sauce soja et l'huile d'olive. Salez, poivrez et mélangez délicatement.
Dressez la salade dans quatre petites assiettes et dégustez immédiatement en entrée ou en garniture d'un poulet rôti ou d'escalopes panées.

ÉPIS DE MAÏS AU FOUR, BEURRE AU PAPRIKA

Pour 4 personnes
4 épis de maïs
80 g de beurre à température ambiante
2 cuil. à café de paprika
Sel, poivre du moulin
Préparation
15 minutes
Repos
10 minutes
Cuisson
45 minutes

Préparation

Préchauffez le gril du four.
Épluchez les épis de maïs et faites-les cuire 30 min dans un cuiseur vapeur (ou à l'eau bouillante salée).
Pendant ce temps, mélangez le beurre mou avec le paprika et mettez-le au frais. Égouttez les épis de maïs et laissez-les sécher 10 min environ.
Dressez les épis de maïs dans un grand plat à four, badigeonnez-les de beurre au paprika et faites-les colorer 10 à 15 min sous le gril du four. Salez, poivrez et dégustez immédiatement.

GROS FARCIS À LA CHAIR DE LAPIN

Pour 6 à 8 personnes
2 croûtons de pain
5 cl de lait
4 gousses d'ail
1 oignon doux
4 branches de persil plat
4 cuisses de lapin (désossées par votre boucher)
150 g de chair à saucisse
2 cuil. à soupe de parmesan haché
1 cuil. à soupe d'origan séché
1 poivron jaune
1 aubergine
1 grosse tomate Cœur de bœuf
1 grosse courgette ronde
4 cuil. à soupe d'huile d'olive
Sel, poivre du moulin
Préparation
40 minutes
Cuisson
45 minutes

Préparation
Préchauffez votre four à 180 °C (th. 6).
Mettez le pain à tremper dans le lait tiède. Épluchez l'ail et l'oignon et découpez-les en morceaux. Lavez et séchez le persil.
Découpez le lapin en morceaux et hachez-le avec le pain, le persil, l'ail et l'oignon dans un hachoir à viande (vous pouvez également utiliser un robot mixeur). Mélangez la chair du lapin avec la chair à saucisse, le parmesan et l'origan. Malaxez avec les mains pour bien intégrer tous les éléments.
Coupez les légumes en deux ou ôtez-en le chapeau et videz-les en partie. Garnissez-les avec la farce en tassant bien. Dressez les légumes dans un grand plat à four, arrosez d'huile d'olive et enfournez-les pour 45 min de cuisson.
Lorsque les gros farcis sont bien cuits, dégustez-les immédiatement, accompagnés d'une salade.
Vous pouvez également les préparer à l'avance, les réserver au frais et les réchauffer quelques minutes au four, le jour du repas.

HARICOTS FRAIS, VINAIGRETTE À LA CRÈME

Pour 4 personnes
500 g de haricots frais écossés
1 botte de ciboulette
2 gousses d'ail frais
3 oignons nouveaux
2 cuil. à soupe de crème liquide
4 cuil. à soupe d'huile d'olive
2 cuil. à soupe de vinaigre de vin
Sel, poivre du moulin
Préparation
10 minutes
Cuisson
30 minutes

Préparation
Mettez les haricots verts dans une grande casserole d'eau bouillante et faites-les cuire 30 min à feu doux. Lorsqu'ils sont cuits, arrêtez le feu et laissez-les tiédir dans l'eau de cuisson.
Lavez et ciselez finement la ciboulette. Épluchez et pressez l'ail. Épluchez et émincez finement les oignons frais avec les queues.
Égouttez les haricots dans un saladier, ajoutez l'ail, l'oignon, la crème, l'huile d'olive, le vinaigre de vin et la ciboulette. Mélangez, rectifiez l'assaisonnement en sel et poivre et dégustez immédiatement.

Haricots frais, vinaigrette à la crème | ↑

CHUTNEY DE TOMATE VERTE

Pour 4 personnes
1,2 kg de tomates vertes
2 gros oignons
1 cuil. à café de curry
1 petit piment (facultatif)
500 g de sucre
60 cl de vinaigre d'alcool
1 cuil. à café de graines de coriandre
1 cuil. à café de cumin séché
Sel, poivre du moulin
Préparation
35 minutes
Repos
45 minutes
Cuisson
1 heure et 30 minutes

Vous pouvez utiliser de la courgette au lieu de la tomate verte.

Préparation
Lavez les tomates et découpez-les en gros morceaux. Épluchez et hachez les oignons. Mélangez les morceaux de tomates, les oignons, le curry et le piment (facultatif) avec le sucre dans une bassine en cuivre. Ajoutez le vinaigre d'alcool et laissez macérer 45 min en remuant une ou deux fois avec une spatule en bois. Faites cuire le chutney 1 h 30 environ à feu très doux et en remuant de temps en temps. Dressez le chutney bouillant dans des bocaux à confiture, ajoutez les graines de coriandre et le cumin, puis retournez les bocaux immédiatement et laissez-les refroidir sur le couvercle afin de chasser l'air et de faciliter la conservation.
Dégustez en garniture d'une viande ou d'un poisson grillé.

COURGETTES RONDES FARCIES À LA CHAIR DE MERGUEZ

Pour 4 personnes
4 branches de coriandre fraîche
4 abricots secs
2 cuil. à soupe de semoule fine de blé
5 merguez
1 cuil. à café de cumin en poudre
8 petites courgettes rondes
4 cuil. à soupe d'huile d'olive
Sel, poivre du moulin
Préparation
25 minutes
Cuisson
35 minutes

Préparation
Lavez, séchez et hachez la coriandre. Découpez les abricots secs en petits morceaux. Mettez la semoule à gonfler avec 1 cuil. à soupe d'eau chaude.
Ouvrez les merguez, retirez la peau, récupérez la chair et mélangez-la avec la semoule, le cumin et les morceaux d'abricots secs. Découpez les chapeaux des courgettes et videz délicatement l'intérieur avec un petit couteau pointu.
Préchauffez votre four à 180 °C (th. 6).
Hachez la chair des courgettes et mélangez-la avec celle des merguez (vous pouvez également mettre la chair des courgettes au fond du plat de cuisson).
Garnissez les courgettes avec la farce, refermez-les avec les chapeaux et déposez-les dans un grand plat à four. Arrosez-les d'huile d'olive, salez, poivrez et enfournez pour 35 min de cuisson.
Dégustez bien chaud, accompagné de semoule au beurre ou d'une purée de pommes de terre à l'huile d'olive.

Si vous préférez,
utilisez de la chair de merguez
à la place
de la chair à saucisse.

CURRY D'AUBERGINE À LA CORIANDRE FRAÎCHE

Pour 4 personnes
4 aubergines (de préférence blanches)
4 gousses d'ail rose
2 oignons doux
1 botte de coriandre fraîche
4 cuil. à soupe d'huile de tournesol
2 cuil. à soupe de curry
1 cuil. à café de cumin
2 clous de girofle
1 bâton de cannelle
50 g de gros raisins secs
50 cl de lait de coco
Sel, poivre du moulin
Préparation
10 minutes
Cuisson
1 heure et 10 minutes

Préparation

Lavez et séchez les aubergines, découpez-les en gros cubes. Épluchez et hachez l'ail. Épluchez et émincez les oignons. Lavez la coriandre avec les queues, essorez-la dans un panier à salade et réservez.
Chauffez la moitié de l'huile de tournesol dans une cocotte, saisissez les oignons et l'ail dans l'huile chaude, laissez colorer plusieurs minutes, puis ajoutez l'ail haché et les épices. Laissez roussir 10 min à feu doux en remuant de temps en temps.
Chauffez le reste de l'huile dans une grande poêle et faites colorer les morceaux d'aubergines sur toutes les faces. Ajoutez les aubergines et les raisins secs dans la cocotte, puis versez le lait de coco. Baissez le feu, salez, poivrez et laissez mijoter 45 min à feu doux. Lorsque les aubergines sont bien fondantes (presque en purée), arrêtez le feu et rectifiez l'assaisonnement en sel et poivre. Laissez tiédir le curry, puis ajoutez la coriandre et mélangez (ce plat ne se déguste pas trop chaud, car la coriandre ne doit pas cuire dans la sauce).
Dégustez immédiatement avec du riz, comme un plat végétarien, ou accompagné d'un rôti de veau ou de cuisses de poulet au four.

TIAN PROVENÇAL GRATINÉ

Pour 4 personnes
2 grosses pommes de terre à chair ferme
3 oignons doux
8 gousses d'ail rose
5 grosses tomates pas trop mûres
3 courgettes
1 grosse aubergine
6 cuil. à soupe d'huile d'olive
1 cuil. à soupe de fleur de thym séchée
3 feuilles de laurier
200 g de fromage râpé
Sel, poivre du moulin
Préparation
30 minutes
Cuisson
45 minutes

Préparation

Préchauffez votre four à 170 °C (th. 5-6).
Épluchez et taillez les pommes de terre en tranches fines. Réservez-les dans un récipient d'eau froide pour éviter qu'elles noircissent. Épluchez et émincez les oignons et l'ail. Découpez les tomates, l'aubergine et les courgettes en fines rondelles.
Versez 2 cuil. à soupe d'huile d'olive au fond d'un grand plat à gratin. Dressez les légumes en les intercalant dans le plat. Commencez par une rangée de pommes de terre, puis de tomates, d'aubergine, de courgettes et d'oignons. Serrez bien toutes les rangées, car les légumes vont réduire à la cuisson. Glissez les lamelles d'ail entre les rangées, saupoudrez de thym et de laurier, salez, poivrez et arrosez avec le reste d'huile d'olive.
Recouvrez de fromage râpé et enfournez le tian pour 45 min de cuisson : le fromage sera légèrement gratiné et les légumes moelleux et fondants.
Laissez tiédir le tian et dégustez avec une daurade au four.

DAURADE AU FOUR

Tian provençal gratiné

Troisième chapitre

AUTOMNE

Potimarron

Potiron

Lactaire

Chou de Bruxelles

Chou rouge

Chou blanc

Chou vert

Châtaigne

Feuille de chêne

Cèpe

Trompette de la mort

Radis noir

Champignon de Paris

Courge spaghetti

Butternut

Betterave crapaudine

Girolle

Chou romanesco

Pâtisson

Patidou

Cresson

Noisette

Noix

Trévise

UNE ARRIÈRE-SAISON SUR LE DEVANT DE LA SCÈNE

C'est loin d'être le début de la fin. L'automne est une saison très riche en légumes. À cela, deux raisons : les légumes de l'été font de la résistance et sont présents sur les étals jusqu'en octobre – par exemple, les tomates, les aubergines, les courgettes, les poivrons… Dans le même temps arrivent peu à peu les courges et autres cucurbitacées, ainsi que les choux pommés, blancs ou rouges, les choux de Bruxelles, le chou romanesco…

L'automne est la grande saison des champignons. Les puristes vont crier au scandale : ce ne sont pas des légumes ! D'un point de vue botanique, certes, non, mais, dans l'assiette, ils sont très présents à côté des gibiers, les stars de l'automne. Trompettes de la mort, cèpes, pleurotes… On trouve encore à l'automne des girolles qui apparaissent dès le mois de juin dans les sous-bois. Sans oublier, toute l'année, le champignon de Paris qui ne pousse absolument pas dans la capitale, de même que le chou de Bruxelles n'est pas vraiment belge. En effet, la grande majorité des champignons de Paris consommés en France vient de Chine. Chez nous, la culture de ce produit s'est développée en Île-de-France au XIXe siècle. Alors qu'il existait autrefois plusieurs centaines de producteurs, ils sont aujourd'hui à peine plus nombreux que les doigts d'une seule main. L'appellation « champignon de Paris » n'étant pas liée à une zone de production, impossible de savoir d'où vient le produit, à moins de le goûter. Car les champignons de Paris français sont tellement plus savoureux que les chinois !

L'automne est également la saison des marrons, des châtaignes, des noix et des noisettes qui apparaissent sur les marchés et dans nos assiettes. De nouveau, ce ne sont pas des légumes mais des fruits. Cependant, à l'instar de la tomate – un fruit devenu légume –, les châtaignes *and Co* sont des fruits qui passent très bien dans le domaine salé.

Enfin, la betterave crapaudine, une des plus anciennes, arrive sur les marchés à la fin de l'été et y reste jusqu'au mois de novembre. Sa saveur très sucrée et sa chair rouge cerclée de blanc en font un des légumes préférés des chefs depuis quelques années. Elle peut être consommée crue ou cuite. Le carpaccio de betterave est devenu un plat emblématique de la nouvelle cuisine de bistrot au début des années 2000.

LE SAVIEZ-VOUS ?

Quelle est la différence entre une châtaigne et un marron ? Tandis que la châtaigne est le fruit du châtaignier, le marron est celui du marronnier d'Inde. Alors que la première se consomme, le second n'est pas comestible. Quid alors des marrons glacés ? Ce sont des châtaignes qu'on désigne autrement, pour les ennoblir. L'usage veut qu'une grosse châtaigne soit appelée « marron ». Aussi, d'un point de vue botanique, on appelle « marron » le fruit du châtaignier lorsqu'il s'agit d'une culture, et « châtaigne » le fruit d'un châtaignier sauvage. Enfin, le marron désigne une châtaigne dont le fruit contenu dans une seule et même bogue n'est pas cloisonné par une peau.
En résumé, un marron est une belle châtaigne, grosse, bien ronde et de forme régulière. Ces fruits sont utilisés par les confiseurs et mis entiers en bocaux. On les trouve sur les marchés entre septembre et février.

TOUTES DES COURGES

Potiron, citrouille, potimarron et pâtisson appartiennent à la même famille botanique. Légume fantasmagorique, la citrouille est carrosse dans les contes de fées, mais elle peut aussi devenir maléfique la veille de la Toussaint, à l'occasion de la fête d'Halloween. Dans l'assiette, le potiron et la citrouille se distinguent : le premier est plus sucré et sa chair moins filandreuse que celle de la seconde. Depuis quelques années sont apparus sur les étals les potimarrons, qui sont encore plus sucrés et dont la chair onctueuse et la saveur subtile rappellent la châtaigne. Quant aux pâtissons, ils sont plus petits et leur saveur s'apparente souvent à celle de l'artichaut.

Ci-dessus :
En saison,
le potiron est coupé
en tranches avant d'être vendu
sur les marchés.
Page de gauche :
Blettes jaunes.

LE CRESSON

Le cresson de fontaine – à ne pas confondre avec le cresson alénois, un cresson de terre – est un légume un peu particulier. En général, il n'est pas cultivé par les maraîchers, car le cresson est une plante semi-aquatique d'eau douce. Sa culture fut introduite en France au XIXe siècle dans la région de Senlis.

Le département de l'Essonne, en particulier la commune de Méréville, concentre le gros de la production française. Méréville, 3 000 habitants, est ainsi la capitale européenne de la culture du cresson. Il y est cultivé dans des bassins creusés à la sortie des sources d'eau. Longs d'une cinquantaine de mètres et larges d'environ trois mètres, ces bassins ont été construits en pente afin que l'eau s'écoule régulièrement : indemne de toute pollution, riche en oligoéléments et d'une température constante de 12 °C, cette eau permet de cultiver le cresson toute l'année. Les semis sont réalisés au mois de juillet et, cinq à six semaines plus tard, la récolte peut commencer. Le cresson, qui croît rapidement, tire d'ailleurs son nom de cette particularité : « cresson » vient du latin *crescere*, qui signifie « pousser, grandir ».

La récolte manuelle nécessite beaucoup de patience. On coupe la feuille et la tige, assemblées en bouquets. Peu consommé en France, le cresson offre cependant l'avantage d'être pauvre en calories et fort en goût. Avec une seule et même botte peuvent être réalisées deux recettes : une soupe est préparée avec les tiges ; quant aux feuilles, elles seront cuites comme des épinards et servies en accompagnement d'une viande ou d'un poisson, ou encore préparées en salade.

Ci contre : Cressonnière à Méréville, commune au sud de Paris.

 1 : Betterave crapaudine. *2 :* Potiron.

3 & 8 : Courge Butternut. *4 :* Courge spaghetti. *5 :* Patidou. *6 & 7 :* Potimarron.

1 : Châtaigne. *2 :* Marron. *3 :* Noix.

4: Cèpes de Bordeaux. *5:* Coulemelle. *6:* Lactaire sanguin. *7:* Champignon de Paris. *8:* Trompette de la mort. *9:* Chanterelle. *10:* Girolle.

1 : Radis noir. *2 :* Feuille de chêne. *3 :* Cresson. *4 :* Trévise. *5 :* Trévise longue.

6 : Chou romanesco. *7&9 :* Chou rouge. *8 :* Chou blanc. *10 :* Patisson. *11 :* Chou de Bruxelles.

BLANQUETTE DE BUTTERNUT AUX GIROLLES

Pour 4 personnes
1 oignon
2 carottes
1 poireau
250 g de girolles
1,2 kg d'épaule de veau pas trop gras (découpé en gros cubes de 70 g chacun)
2 clous de girofle
1 branche de thym
1 feuille de laurier
300 g de courge (potiron, butternut ou potimarron)
10 feuilles de sauge
50 cl de crème fraîche
1 cuil. à soupe d'huile de tournesol
Sel, poivre du moulin
Préparation
35 minutes
Cuisson
1 heure et 40 minutes

Préparation
Épluchez l'oignon et les carottes. Coupez les carottes en rondelles. Fendez le poireau en trois, lavez-le bien sous un filet d'eau froide et ficelez-le.
Mettez la viande dans une cocotte, mouillez à hauteur avec de l'eau, puis portez à ébullition. Égouttez les morceaux de viande, rincez-les sous un filet d'eau froide, lavez la cocotte, remettez les morceaux de viande, puis ajoutez le poireau, les carottes, l'oignon piqué des clous de girofle, le thym et le laurier.
Mouillez avec de l'eau jusqu'à 5 cm au-dessus du niveau des ingrédients. Portez à ébullition, puis baissez le feu et laissez mijoter 1 h à feu très doux.
Lorsque la viande est cuite, égouttez les morceaux dans un saladier. Filtrez le bouillon dans une grande casserole, remettez les carottes, ajoutez les morceaux de courge, 5 feuilles de sauge et faites cuire l'ensemble 25 min. Versez la crème fraîche, portez à ébullition et mixez avec un robot à potage. Salez, poivrez, ajoutez délicatement les morceaux de viande et mélangez.
Poêlez les girolles l'huile de tournesol, puis ajoutez-les à la blanquette avant de déguster. Au moment de servir, hachez la sauge restante et déposez-la sur le dessus.
Dégustez la blanquette accompagnée de riz. Dégustez le poireau en entrée, avec une vinaigrette.

Il est possible de réaliser cette recette en remplaçant les girolles par des morceaux de potiron braisés.

BETTERAVES CRAPAUDINE CUITES AU SEL, VINAIGRETTE AUX HERBES

Pour 4 personnes
2 grosses betteraves crapaudine
1 kg de gros sel de mer
1 petite botte de persil plat
1 botte de ciboulette
1 cuil. à soupe de moutarde
3 cuil. à soupe de vinaigre de vin
6 cuil. à soupe d'huile d'olive
Sel, poivre du moulin
Préparation
10 minutes
Cuisson
2 heures

Préparation

Préchauffez votre four à 160 °C (th. 5-6).
Lavez les betteraves sans les éplucher et brossez-les pour bien retirer la terre. Déposez-les dans un grand plat à four et recouvrez-les de gros sel, puis enfournez-les pour 2 h de cuisson.
Pendant ce temps, lavez, séchez, hachez grossièrement et réservez les herbes. En fouettant, mélangez la moutarde avec le vinaigre de vin et l'huile d'olive.
Sortez les betteraves du four, épluchez-les et découpez-les en tranches épaisses. Dressez-les tièdes dans des assiettes, mélangez les herbes dans la vinaigrette, puis nappez-en les betteraves.
Dégustez immédiatement.
Pour un plat complet, vous pouvez ajouter des œufs durs hachés dans la vinaigrette.

COURGE SPAGHETTI AUX SPAGHETTIS

Pour 4 personnes
1 courge spaghetti
80 g de comté vieux
4 branches de thym frais
400 g de spaghettis complets
4 gousses d'ail
4 cuil. à soupe d'huile d'olive
Sel, poivre du moulin
Préparation
25 minutes
Cuisson
1 heure

Préparation

Préchauffez votre four à 180 °C (th. 6).
Lavez et équeutez la courge spaghetti, puis découpez-la en deux. Placez-la dans un grand plat et enfournez-la pour 45 min de cuisson environ.
Râpez le comté vieux et réservez. Effeuillez le thym frais. Sortez la courge, récupérez la pulpe avec une cuillère, hachez-la grossièrement et réservez.
Faites cuire les spaghettis *al dente* dans une grande quantité d'eau bouillante salée, puis égouttez-les et réservez un peu d'eau de cuisson.
Épluchez et écrasez les gousses d'ail. Environ 10 min avant de passer à table, chauffez l'huile d'olive dans une sauteuse, ajoutez l'ail, laissez cuire 1 min, puis versez les pâtes, la chair de courge et le thym frais avec un peu d'eau de cuisson.
Salez, poivrez et faites cuire encore quelques minutes en remuant.
Saupoudrez de fromage râpé et dégustez immédiatement.

Betteraves crapaudine cuites au sel, vinaigrette aux herbes | ↑ |

POÊLÉE DE CHÂTAIGNES ET CÈPES AU FOIE GRAS

Pour 4 personnes
24 châtaignes (vous pouvez également utiliser des châtaignes sous vide)
1 botte de ciboulette
200g de cèpes
80g de beurre
1 petit lobe de foie gras
Sel, poivre du moulin
Préparation
15 minutes
Cuisson
25 minutes

Préparation
Lavez et fendez la peau des châtaignes, puis saisissez-les dans une grande poêle à trous, à feu vif, pendant 10min. Lorsqu'elles sont cuites, retirez la peau.
Ciselez la ciboulette ; lavez, séchez et découpez les cèpes. Faites fondre le beurre dans une grande poêle. Lorsqu'il est mousseux, ajoutez les châtaignes, laissez-les roussir quelques minutes, puis ajoutez les cèpes, toujours à feu vif. Salez, poivrez et laissez cuire 5min, puis arrêtez le feu et réservez au chaud dans la poêle.
Dans une autre poêle brûlante, saisissez les tranches de foie gras sans matière grasse. Laissez colorer 3 à 4min, puis retournez-les délicatement et faites-les cuire 2min de plus.
Ajoutez les châtaignes et les cèpes dans la poêle du foie gras, saupoudrez de ciboulette et rectifiez l'assaisonnement en sel et poivre.
Dégustez immédiatement.

PIZZA AUX CHAMPIGNONS DE PARIS

Pour 4 personnes
500g de champignons de Paris
1 rouleau de pâte à pizza
2 cuil. à soupe de crème fraîche
4 cuil. à soupe d'huile d'olive
150g de pousses d'épinards fraîches, lavées et équeutées
Sel, poivre du moulin
Préparation
25 minutes
Cuisson
30 minutes

Préparation
Préchauffez votre four à 250°C (th. 8-9).
Lavez et séchez les champignons et découpez-les en lamelles.
Étalez la pâte à pizza sur une plaque recouverte de papier sulfurisé. Badigeonnez-la de crème fraîche, puis déposez les épinards sur l'ensemble de la pâte et disposez les champignons de Paris sur le dessus.
Salez, poivrez, arrosez de la moitié de l'huile d'olive.
Enfournez la pizza pour 20 à 30min de cuisson.
Lorsqu'elle est bien cuite, laissez-la tiédir, puis ajoutez les 2 dernières cuillerées à soupe d'huile d'olive et saupoudrez de sel.
Dégustez-la chaude ou froide, avec une salade.

GRATIN DE PÂTISSON À LA FOURME D'AMBERT [1]

Pour 4 personnes: *4 petits pâtissons \ 200 g de fourme d'Ambert \ 4 cuil. à soupe de crème fraîche \ Sel, poivre du moulin \ Muscade*
Préparation: *35 minutes* \ **Cuisson:** *1 heure*
Préchauffez votre four à 180 °C (th. 6).
Lavez les pâtissons sous un filet d'eau froide en les frottant avec une brosse, puis séchez-les.
Découpez la fourme d'Ambert en petites tranches.
Découpez les chapeaux et déposez les pâtissons dans un grand plat à four, salez, poivrez, puis enfournez-les pour 45 min de cuisson.
Piquez le centre des pâtissons avec la pointe d'un couteau et, lorsqu'ils sont bien cuits, ajoutez un peu de crème fraîche préalablement assaisonnée de sel, de poivre et de muscade. Ajoutez les tranches de fourme d'Ambert sur le dessus, replacez les chapeaux des pâtissons, puis enfournez de nouveau pour 15 min de cuisson, toujours à 180 °C.
Lorsque le fromage est fondu et les pâtissons moelleux, dégustez bien chaud, avec la peau, accompagné d'une volaille.

RISOTTO AUX TROMPETTES DE LA MORT [2]

Pour 4 personnes: *300 g de trompettes de la mort \ 1 échalote \ 1 gousse d'ail \ 4 cuil. à soupe d'huile d'olive \ 200 g de riz à risotto noir ou classique \ 50 g de beurre \ 50 cl de bouillon de volaille (en tablettes ou surgelé) \ 2 cuil. à soupe de crème fraîche \ 50 g de parmesan râpé \ 5 cl de vin blanc \ Sel, poivre du moulin*
Préparation: *25 minutes* \ **Cuisson:** *35 minutes*
Lavez et séchez les trompettes de la mort.
Épluchez et hachez les échalotes et l'ail, et faites-les suer dans l'huile d'olive, sans coloration. Ajoutez les trompettes de la mort, laissez cuire 2 min, ajoutez le vin blanc, puis versez le riz. Laissez éclater les grains dans le beurre et les champignons, puis versez une grosse louche de bouillon de volaille.
Faites cuire le risotto en versant le bouillon peu à peu, tout en remuant.
Lorsque le riz est cuit – et encore légèrement ferme –, salez, poivrez, ajoutez la crème fraîche et le parmesan, mélangez et dégustez immédiatement.

SALADE DE FEUILLES DE CHÊNE ET DE PIGEON, VINAIGRETTE AU JUS [3]

Pour 4 personnes: *2 pigeons \ 5 cuil. à soupe d'huile de tournesol \ 1 laitue feuille de chêne \ 1 trévise \ 2 cuil. à soupe de vinaigre de vin \ 2 cuil. à café de moutarde forte \ 1 botte de ciboulette \ Sel, poivre du moulin*
Préparation: *25 minutes* \ **Cuisson:** *45 minutes*
Préchauffez votre four à 180 °C (th. 6).
Salez et poivrez les pigeons, découpez-les en deux avec un gros couteau, puis déposez-les dans un grand plat. Arrosez de 1 cuil. à soupe d'huile de tournesol et enfournez pour 35 min de cuisson.
Pendant ce temps, lavez et essorez les salades, puis émincez-les et mélangez-les. Sortez les pigeons du four (laissez-le allumé), laissez-les un peu refroidir et décortiquez leur chair. Laissez les os dans le plat et faites-les dorer 10 min de plus au four. Ajoutez un peu d'eau et déglacez les sucs en frottant avec une spatule en bois. Passez le jus au chinois dans une petite casserole et faites-le réduire de moitié.
En fouettant, ajoutez le reste de l'huile de tournesol, le vinaigre de vin et la moutarde.
Assaisonnez les salades avec la vinaigrette tiède.
Ajoutez la ciboulette et la chair de pigeon, mélangez, dressez dans un grand plat et dégustez immédiatement.
Vous pouvez également servir les demi-pigeons sur la salade assaisonnée : c'est plus joli.

FRITES DE POTIRON, SAUCE MOUTARDE [4]

Pour 4 personnes: *600 g de potiron épluché \ 1 bain d'huile de friture \ 3 cuil. à soupe de moutarde en grains \ 1 cuil. à soupe de crème fraîche \ Fleur de sel, poivre du moulin*
Préparation: *15 minutes* \ **Cuisson:** *15 minutes*
Découpez la chair du potiron en frites régulières et séchez-les dans un torchon.
Chauffez l'huile de friture et plongez-y les frites de potiron 5 min. Égouttez-les et laissez-les refroidir.
Pendant ce temps, mélangez la moutarde et la crème fraîche et réservez au frais.
Environ 10 min avant de déguster, plongez de nouveau les frites de potiron dans l'huile bouillante pour les dorer. Égouttez-les, salez, poivrez et dégustez avec la sauce à la moutarde en accompagnement d'une viande grillée.

2

1

3

4

CHOU ROUGE ET POMMES AU FOUR

Pour 4 personnes
1 petit chou rouge
4 pommes
80 g de beurre
2 cuil. à soupe d'huile de pistache
Sel, poivre du moulin
Préparation
25 minutes
Cuisson
1 heure et 10 minutes

Préparation

Préchauffez votre four à 180 °C (th. 6).
Équeutez légèrement le chou rouge (veillez à ne pas détacher les feuilles), puis découpez-le en six tronçons. Plongez-les 10 min dans une casserole d'eau bouillante salée, puis égouttez-les. Découpez les pommes en gros quartiers ; vous pouvez les laisser entières si elles sont petites.
Déposez les morceaux de chou rouge dans un plat à four, salez, poivrez, ajoutez le beurre en parcelles, puis enfournez pour 35 min de cuisson en arrosant de temps en temps avec le jus de cuisson. Ajoutez les pommes entières, ou les quartiers, autour des morceaux de chou et remettez à cuire 25 min, toujours à 180 °C.
Lorsque le chou est bien cuit et les pommes moelleuses, rectifiez l'assaisonnement en sel et poivre. Dégustez en accompagnement d'un gibier.

LACTAIRES AU VINAIGRE, THYM ET LAURIER

Pour 4 personnes
10 petites gousses d'ail rose
4 branches de thym frais
3 feuilles de laurier
500 g de lactaires (vous pouvez aussi utiliser des cèpes)
7 cuil. à soupe d'huile d'olive
5 cl de bon vinaigre de vin
Sel, poivre du moulin
Préparation
25 minutes
Cuisson
35 minutes

Préparation

Écrasez les gousses d'ail avec la peau, lavez et séchez le thym et le laurier. Nettoyez et séchez les champignons, et coupez les plus gros en deux.
Dans une grande poêle, chauffez 5 cuil. à soupe d'huile d'olive. Saisissez les champignons et les gousses d'ail écrasées dans l'huile chaude, laissez colorer quelques minutes, puis baissez le feu. Salez, poivrez, ajoutez le thym et le laurier et laissez cuire l'ensemble 25 min à feu doux. Piquez les gousses d'ail : lorsqu'elles sont cuites, déglacez la poêle avec le vinaigre de vin. Laissez réduire quelques minutes, tout en remuant. Arrêtez le feu et ajoutez le reste de l'huile d'olive, salez et poivrez. Dégustez tiède ou froid, en entrée ou en garniture d'une volaille.
Idéalement, il faut déguster ce plat le jour de sa préparation et ne pas le placer au réfrigérateur.

POTIRON RÔTI À L'HUILE DE NOISETTE

Pour 4 personnes
1 petit potiron
100 g de beurre
3 cuil. à soupe d'huile de noisette
Sel, poivre du moulin
Préparation
10 minutes
Cuisson
35 minutes

Préparation

Préchauffez votre four à 180 °C (th. 6).
Découpez le potiron en tranches épaisses. Disposez-le dans un grand plat, recouvrez-le d'une petite parcelle de beurre et d'huile de noisette, salez, poivrez et enfournez pour 35 min de cuisson, en arrosant de temps en temps avec l'huile de cuisson.
Lorsque le potiron est cuit et fondant, arrosez-le et dégustez immédiatement en garniture d'une pintade rôtie.

RIGATONI AU CHOU ROMANESCO, À LA TRÉVISE ET AUX NOIX

Pour 4 personnes
1 chou romanesco
1 petite trévise
15 cerneaux de noix
2 gousses d'ail
300 g de rigatoni
6 cuil. à soupe d'huile d'olive
100 g de parmesan frais
Sel, poivre du moulin
Préparation
30 minutes
Cuisson
30 minutes

Préparation

Découpez le chou romanesco en petits morceaux et faites-les cuire 15 min à l'eau bouillante salée.
Effeuillez, lavez et émincez grossièrement la trévise. Concassez grossièrement les cerneaux de noix. Épluchez et pressez les gousses d'ail.
Faites cuire les pâtes *al dente* dans une grande casserole d'eau bouillante salée, puis égouttez-les. Gardez 4 cuil. à soupe d'eau de cuisson.
Environ 10 min avant de passer à table, chauffez l'huile d'olive dans une grande sauteuse, ajoutez l'ail, la trévise et les morceaux de chou. Laissez roussir quelques minutes, ajoutez les pâtes et l'eau de cuisson, salez, poivrez et laissez cuire 3 min en remuant sans cesse. Ajoutez les noix hachées, mélangez, puis arrêtez le feu.
Dressez les pâtes dans quatre assiettes creuses, recouvrez d'une bonne quantité de parmesan râpé et dégustez immédiatement.

Rigatoni au chou romanesco, à la trévise et aux noix | ↑ |

CHOU BLANC TANDOORI AU CRESSON

Pour 4 personnes
1 chou blanc
1 cuil. à soupe de poudre de curry
1 cuil. à soupe de poudre à tandoori
6 cuil. à soupe d'huile de tournesol
1 botte de cresson
4 cuil. à café d'huile d'olive extra vierge
Sel, poivre du moulin
Préparation
30 minutes
Cuisson
2 heures

Préparation
Préchauffez votre four à 170 °C (th. 5-6).
Découpez le chou blanc en 8 morceaux et déposez-les dans un grand plat à four. Saupoudrez de curry et de poudre à tandoori, salez, poivrez, arrosez avec l'huile de tournesol et enfournez le chou pour 2 h de cuisson, en l'arrosant de temps en temps avec le jus de cuisson.
Pendant ce temps, effeuillez, lavez et séchez le cresson.
Lorsque le chou est cuit, laissez-le tiédir. Répartissez les morceaux de chou dans des assiettes, ajoutez quelques feuilles de cresson et assaisonnez du jus de cuisson et d'un filet d'huile d'olive.
Dégustez tiède, comme un plat léger, ou en garniture d'un poulet rôti pour un repas plus copieux.

BOUILLON DE GIROLLES INFUSÉ AUX HERBES

Pour 4 personnes
500 g de girolles
1 botte de ciboulette
2 échalotes
50 g de beurre
1 l de bouillon de volaille (ou un reste de bouillon de pot-au-feu)
Sel, poivre du moulin
Préparation
20 minutes
Cuisson
20 minutes

Préparation
Nettoyez et lavez les champignons. Lavez et ciselez la ciboulette, épluchez et émincez les échalotes.
Chauffez le beurre dans une petite casserole, saisissez les échalotes dans le beurre mousseux et laissez roussir quelques minutes. Ajoutez les champignons, laissez-les suer 5 min en remuant, puis versez le bouillon de volaille. Portez à ébullition, puis baissez le feu et laissez mijoter 5 min à feu doux.
Ajoutez la ciboulette et rectifiez l'assaisonnement en sel et poivre.
Dégustez bien chaud dans des bols.

CRÈME DE POTIMARRON AU COMTÉ VIEUX

Pour 4 personnes
6 ou 7 petits potimarrons
10 cl de crème fraîche
200 g de comté vieux râpé
Muscade
Sel, poivre du moulin
Préparation
45 minutes
Cuisson
1 heure

Préparation

Préchauffez votre four à 170 °C (th. 5-6).
Lavez et brossez les potimarrons sous un filet d'eau chaude. Découpez le dessus de 4 potimarrons, videz-les délicatement avec une petite cuillère et réservez. Taillez les autres en gros cubes avec la peau et retirez les pépins. Mettez-les à cuire avec 5 cl d'eau, ainsi que la crème fraîche, dans une grande casserole.
Lorsque les potimarrons sont cuits, mixez l'ensemble, salez, poivrez et râpez un peu de muscade.
Déposez les potimarrons creusés dans un grand plat, remplissez-les de soupe, recouvrez d'une bonne quantité de comté râpé et enfournez-les pour 25 min de cuisson. Lorsque le fromage est bien gratiné, sortez-les du four.
Dressez chaque potimarron dans une assiette creuse. Dégustez bien chaud, la soupe ainsi que la chair.

FRICASSÉE DE CHOUX DE BRUXELLES ET BOULETTES

Pour 4 personnes
300 g de chair à saucisse
200 g de chair de veau (demandez à votre boucher de vous en préparer)
600 g de choux de Bruxelles
4 yaourts nature
2 cuil. à soupe de curcuma
4 cuil. à soupe d'huile d'olive
1 cuil. à soupe d'origan séché
Sel, poivre du moulin
Préparation
35 minutes
Cuisson
35 minutes

Préparation

Préchauffez votre four à 180 °C (th. 6).
Mélangez les deux viandes, salez, poivrez et malaxez l'ensemble avec les mains. Formez des petites boulettes de la taille des choux de Bruxelles et réservez au frais.
Équeutez légèrement, lavez et retirez les feuilles flétries des choux de Bruxelles. Plongez-les 20 minutes dans une casserole d'eau bouillante salée, puis égouttez-les et réservez.
Dans un saladier, fouettez les yaourts avec le curcuma, salez, poivrez et réservez.
Chauffez l'huile d'olive dans une grande poêle.
Saisissez les boulettes dans l'huile chaude, laissez-les colorer, puis ajoutez les choux de Bruxelles et laissez roussir l'ensemble quelques minutes en remuant.
Versez le yaourt dans un plat de terre et fouettez-le, puis recouvrez avec les boulettes et les choux de Bruxelles, saupoudrez d'origan et enfournez pour 10 min de cuisson.
Dégustez bien chaud avec une purée de pommes de terre.

PATIDOU FARCI

Pour 6 personnes
200 g de pruneaux dénoyautés
600 g de chair de veau hachée
4 cuil. à soupe d'armagnac ou de cognac
1 œuf
6 courges patidou de taille moyenne ou 12 petites
2 cuil. à soupe d'huile de noisette
100 g de beurre
sel, poivre du moulin
Préparation
40 minutes
Cuisson
1 heure

Préparation
Hachez les pruneaux grossièrement et mélangez-les avec la chair de veau hachée, l'armagnac (ou le cognac) et l'œuf battu. Salez, poivrez et malaxez avec les mains pour bien mélanger tous les ingrédients. Préchauffez votre four à 170 °C. Découpez le dessus des courges, réservez les chapeaux, puis videz les fonds avec une petite cuillère. Garnissez-les avec la farce en tassant bien et rangez-les dans un grand plat à gratin. Arrosez avec l'huile de noix, parsemez de beurre frais, salez, poivrez, replacez les chapeaux, puis enfournez pour 30 min à 170 °C, puis baissez la température à 160 °C et laissez cuire à nouveau 30 min. Vérifiez la cuisson en piquant la chair des courges avec la pointe d'un couteau. Dégustez bien chaud accompagné de quelques châtaignes à la poêle ou d'une mousseline de céleri.

CHIPS DE RADIS NOIR, FLEUR DE SEL AU CURRY

Pour 4 personnes
1 petit radis noir
1 bain de friture
1 cuil. à café de curry en poudre
1 cuil. à café de sel fin
Préparation
15 minutes
Cuisson
15 minutes

Préparation
Épluchez, puis taillez le radis noir en lamelles très fines à l'aide d'une mandoline. Séchez-les dans un torchon. Chauffez le bain de friture. Saisissez les lamelles de radis noir dans l'huile bouillante et remuez avec une écumoire jusqu'à ce qu'elles dorent légèrement, puis égouttez-les sur du papier absorbant. Mélangez le sel et le curry, et assaisonnez les chips de radis noir avec ce mélange.
Dégustez à l'apéritif ou en garniture d'un poulet rôti.

PATIDOU FARCI

Chips de radis noir, fleur de sel au curry

Quatrième chapitre

HIVER

Blette	Mâche	Rutabaga
Cardon	Navet Boule d'or	Scarole
Chou frisé	Chou blanc	Chou vert
Pissenlit	Panais	Salsifis
Céleri-rave	Patate douce	Topinambour
Endive	Crosne	Carotte
Salade frisée	Poireau	Pomme de terre

L'HIVER SE MET AU VERT

Pour la cuisine des légumes, l'hiver n'est pas la saison de la soupe à la grimace. Si vous avez en tête de manger des tomates, des aubergines et des haricots verts au mois de janvier, vous allez être déçu. D'ailleurs, c'est ainsi, bien souvent, qu'on se dégoûte des légumes : en mangeant des produits fades, car ce n'est pas leur heure. Mais avez-vous vraiment envie d'une salade de tomates lorsqu'il gèle dehors ? Il nous faut, en cette saison, des plats qui réchauffent, qui tiennent au corps.

Comme nous, les légumes ont froid en hiver. Ils poussent donc plus volontiers sous terre. C'est le temps des légumes racines : les grosses carottes, les panais, les crosnes, les rutabagas, les grosses pommes de terre, mais aussi les salsifis. Oui, les salsifis ! On n'y pense guère, car leur préparation est périlleuse : on risque de se tacher les doigts en les épluchant. Mais avec les légumes, il n'y a pas de problème, uniquement des solutions ! On achète les salsifis en boîte ou, si on est puriste, on enfile des gants et le tour est joué ! Ne renonçons pas aux bonnes choses pour de mauvaises raisons…

Quelques légumes s'aventurent le nez dehors. Ainsi les choux, les poireaux, les blettes. Côté salades, toutes les chicorées – frisée, scarole, endive… –, le pissenlit et la mâche sont de saison. Les endives se mangent cuites ou crues, contrairement aux autres salades en France. C'est un tort : nos voisins transalpins cuisent très volontiers les salades et les consomment avec un peu d'huile d'olive et de vinaigre. Voilà une belle entrée ou un accompagnement différent.

Certains légumes d'hiver se retrouvent au printemps tels que les poireaux, les pommes de terre, les carottes, les navets… Ceux qui se consomment par temps froid sont cueillis plus gros. Leur goût est différent, leur texture également. Il faut donc adapter les recettes. Les grosses carottes se cuisent longtemps en ragoût, avec une viande. On en fait des purées et des gratins. On ne recherche ni la fraîcheur ni le croquant du légume, comme avec une carotte de printemps. Car les recettes d'hiver privilégient les cuissons longues, les plats qui se réchauffent. On prépare aussi des farcis, en particulier avec le chou vert.

Il existe beaucoup de choux. L'un d'entre eux, le chou de Pontoise, revient à la mode depuis quelques années. C'est une variété ancienne, dont la saveur est très fine. Vert, avec quelques reflets violacés, il est originaire du Val-d'Oise, en Île-de-France.

En cette saison, à l'opposé de ce qu'on a tendance à penser, les légumes sont variés. Alors, pour bien passer l'hiver, passez-le au vert en faisant une dégustation de tous ces légumes de saison.

Ci contre : Chou de Pontoise.

ENDIVE DE PLEINE TERRE

Il n'y a pas que les tomates qui brouillent les saisons. Prenez les endives : on les trouve dans les rayons des supermarchés toute l'année. Pourtant, une bonne endive ne peut pas pousser en été. Explication.
90 % de la production française d'endives est dite « de salle », ou « hydroponique » ; elles sont élevées hors sol, dans des bacs de forçage. Elles ne voient jamais la terre. Ce mode de culture est apparu dans les années 1980. Sur 480 producteurs d'endives en France, seuls 160 sont des producteurs de pleine terre.
D'avril à septembre, il faut planter des graines en plein champ qui, quelques semaines plus tard, deviendront des racines. Celles-ci sont récoltées et placées dans des caissettes ajourées, qui permettront aux radicelles de pousser et d'aller puiser dans le sol ce dont elles ont besoin. Les caissettes sont placées dans la terre, laquelle est chauffée de manière artificielle. Les endives sont recouvertes d'une bâche, qui les protège de la lumière pour éviter qu'elles ne verdissent. Elles y restent un mois environ. Elles sont ensuite « cassées », c'est-à-dire séparées de leur racine.
Une belle endive a une base bien blanche et une pointe verte. On la déguste de mi-octobre à avril. Les endives de pleine terre sont alors délicieuses et si fières de leurs racines !

LE SAVIEZ-VOUS ?

La France est le premier pays producteur d'endives au monde. 93 % de la production est concentrée dans le Nord-Pas-de-Calais et la Picardie. Les endives rouges et la Carmine ne représentent qu'une infime partie de la production...

SOUVENEZ-VOUS DU CARDON

Le cardon est un légume oublié, qui l'est resté.
Le gratin de cardon à la moelle est une spécialité des bouchons lyonnais. On le cuisine volontiers la veille des fêtes. Si le cardon est cultivé dans toute la région Rhône-Alpes, la ville de Vaulx-en-Velin en est la capitale. Il a d'ailleurs sa fête chaque année, le 8 décembre. Il est cultivé dans le Dauphiné.
Différentes variétés coexistent en France.
Le cardon vert est le plus répandu. Il est considéré comme le plus fin.
Originaire d'Afrique du Nord, le cardon se singularise dans le potager par sa méthode culturale. Il faut en effet « blanchir » les côtes avant de les cueillir : pour cela, les rassembler entre elles afin de les protéger de la lumière et entourer le paquet de côtes d'un papier opaque. Ainsi, les côtes perdent leur saveur amère. Si le cardon est apparenté à la famille des artichauts, son aspect fait davantage penser au céleri.
La préparation du cardon est assez longue.
Cela explique peut-être son désamour au fil des siècles.
Pour le préparer, il faut enlever les parties filandreuses, ainsi que les feuilles qui ne sont pas comestibles. Il faut ébouillanter les côtes dans l'eau avant de le cuisiner en gratin, en soupe, à la crème...

CÉLERI-RAVE

Rond, blanc comme neige, parfumé, le céleri-rave dans l'assiette, c'est plein de promesses !

La rave est une plante potagère cultivée pour sa racine. Alors, si je vous dis chou-rave, céleri-rave voire betterave, vous avez compris que ce qui se mange là-dedans pousse sous la terre, contrairement au céleri-branche, dont la partie comestible pousse à l'air. Attention, l'un n'est pas la partie émergée de l'autre : le céleri-branche et le céleri-rave sont deux variétés différentes. De même, si le chou et la bette, ou blette, partagent le suffixe « rave » avec le céleri, ils n'en sont pas pour autant de la même famille, tandis que la carotte, le persil, l'aneth ou la coriandre… même combat. Celui de la famille des apiacées, qui comprend quatre cents genres, lit-on dans les livres savants.

Certes, ça ne change pas grand-chose dans l'assiette, la famille à laquelle on appartient. Encore que. Classiquement, le céleri-rave se mange cru et râpé comme la carotte, mais sûrement pas comme le persil ou encore la ciguë. Ciel, on se souvient de ce qui arriva à Socrate qui absorba cette dernière. Même famille, oui, mais, heureusement, l'effet est différent. Nul poison dans le céleri-rave. Vous le connaissez donc en rémoulade, plat ô combien français, emblématique de la cuisine de bistrots. Vous l'avez sûrement dégusté en purée, un must avec les gibiers. Ça tombe bien, ces deux-là s'accordent sur la saison – c'est-à-dire automne et hiver.

Purée, salade, gratin, très bien, mais vous le saviez déjà. Ce que vous ne savez peut-être pas, c'est que le céleri-rave est bon pour la santé (voir p. 50) en plus de l'être pour le goût. C'est un légume aux arômes assez puissants et c'est tant mieux, car l'hiver, les saveurs font un peu défaut dans le potager. Alors, attention, conservez le céleri-rave au réfrigérateur enveloppé dans un film alimentaire afin de l'isoler des autres aliments. Et ne le choisissez pas trop gros, car il pourrait être creux. Il doit être lourd, dense, bien blanc et alors… chaud devant !

De la qualité
de la terre
dépend la saveur
des légumes.

1 : Blette. *2 :* Pissenlit. *3 :* Endive. *4 :* Navet boule d'or.

5 : Chou vert. *6 :* Salade frisée. *7 :* Mâche. *8 :* Poireau d'hiver.

 1: Pomme de terre vitelotte. *2:* Salsifis. *3:* Heliantis.

4: Pomme de terre vieille. *5:* Panais. *6:* Racine tubéreux. *7:* Topinambour. *8:* Crosne. *9:* Cerfeuil tubéreux.

 1 : Chou frisé. *2 :* Patate douce. *3 :* Chou de Pontoise.

4 : Gros radis rose. *5 :* Carotte. *6 :* Cardon. *7 :* Céleri rave. *8 :* Rutabaga.

CHOU FARCI

Pour 4 à 6 personnes
800g de chair à saucisse
20cl de crème fraîche
2 œufs
1 cuil. à soupe d'estragon séché
1 chou vert
4l de bouillon de volaille (en tablettes)
Sel, poivre du moulin
Pour la sauce
100g de beurre
Le jus de 2 citrons jaunes
Sel, poivre du moulin
Préparation
45 minutes
Cuisson
2 heures

Préparation
Mélangez la chair à saucisse avec la crème fraîche, ajoutez les œufs un par un, puis l'estragon séché, salez, poivrez et mélangez à la main pour obtenir une farce bien homogène.
Découpez la queue du chou sans détacher les feuilles. Écartez et lavez les feuilles du chou à grande eau. Prélevez le cœur, lavez-le et hachez-le, puis mélangez-le à la farce. Farcissez le milieu du chou avec la moitié de la farce. Reformez le chou en rabattant les feuilles et en glissant de la farce entre elles. Enveloppez le chou farci dans un linge. Ficelez-le fortement en serrant et mettez-le à cuire 2h dans le bouillon à petit frémissement.
Si la marmite est profonde et étroite, vous pouvez placer une cuillère en bois en travers de la marmite et y fixer le chou pendant la cuisson afin de lui éviter d'être écrasé au fond.
Pour la sauce: dans une petite casserole, fouettez le beurre avec le jus des citrons sans faire bouillir, salez, poivrez et réservez au chaud.
Égouttez le chou, découpez des tranches épaisses et dégustez bien chaud, avec le beurre fondu au citron.

Pour réaliser un chou farci moins gras, remplacez la chair à saucisse par des blancs de poulet mixés avec un peu de purée de carotte.

MOUSSELINE DE PANAIS INFUSÉE AU THYM ET AU LARD

Pour 4 personnes
8 fines tranches de lard ou de bacon
1 kg de gros panais
20 cl de crème fraîche
25 cl de l de lait
5 branches de thym frais
80 g de beurre
Sel, poivre du moulin
Préparation
25 minutes
Cuisson
45 minutes

Préparation
Préchauffez votre four à 170 °C (th. 5-6).
Disposez les tranches de lard dans un grand plat, sans matière grasse, et enfournez-les pour environ 5 min : les tranches doivent être bien dorées. Épluchez les panais et mettez-les à cuire dans une casserole d'eau bouillante salée.
Pendant ce temps, mélangez la crème fraîche et le lait dans une casserole, ajoutez le thym et le lard, portez à ébullition, arrêtez le feu et laissez infuser 30 min à température ambiante. Retirez les branches de thym et les tranches de lard. Piquez les panais : ils doivent être très cuits. Égouttez-les et faites-les cuire de nouveau 25 min, à feu doux, dans la casserole du lait. Passez la purée et le lait au moulin à légumes, ajoutez le beurre, salez et poivrez.
Dégustez bien chaud avec les tranches de lard entières, ou découpez-les en petits morceaux, en garniture d'un rôti de veau.

Vous pouvez également réaliser cette recette avec du haddock fumé que vous servirez à côté de la mousseline.

CHOU À LA PINTADE

Pour 4 personnes
1 chou vert ou 1 chou de Pontoise
2 gros oignons
4 cuil. à soupe d'huile d'arachide
1 pintade découpée en morceaux
1 cuil. à soupe de moutarde
2 branches de thym
2 feuilles de laurier
Sel, poivre du moulin
Préparation
20 minutes
Cuisson
2 heures et 10 minutes

Préparation
Effeuillez le chou, retirez les parties dures et découpez le cœur en quatre morceaux. Épluchez et émincez les gros oignons. Chauffez l'huile d'arachide dans une grande cocotte en fonte, saisissez les oignons dans l'huile fumante et laissez-les roussir 10 min, en remuant. Baissez le feu et disposez quelques feuilles de chou au fond de la cocotte. Badigeonnez les morceaux de pintade avec la moutarde et mettez-les dans la cocotte. Ajoutez le cœur du chou, salez et poivrez. Ajoutez le thym frais et le laurier, recouvrez avec le reste des feuilles, salez et poivrez. Ajoutez un verre d'eau et laissez cuire 2 h à feu doux et à couvert.
Piquez avec la pointe d'un couteau. Quand le chou et la pintade sont bien cuits, posez la cocotte sur la table et servez.

GRATIN DE CÉLERI ET POMMES AU PARMESAN

Pour 4 personnes
1 boule de céleri
3 pommes vertes
20 cl de crème liquide
100 g de parmesan frais
50 g de beurre
Sel, poivre du moulin
Préparation
25 minutes
Cuisson
45 minutes

Préparation
Préchauffez votre four à 170 °C (th. 5-6).
Épluchez le céleri et les pommes et découpez l'ensemble en tranches fines. Intercalez les tranches de céleri et de pommes dans un plat à gratin préalablement beurré, en les serrant bien. Salez, poivrez, nappez de crème liquide, saupoudrez de parmesan râpé et enfournez pour 45 min de cuisson. Quand le gratin est bien coloré et le céleri bien cuit, dégustez bien chaud, en garniture d'une gigue de chevreuil ou d'un faisan rôti.

LE CREUSET

FRISÉE AUX RILLONS ET ŒUF MOLLET

Pour 4 personnes
4 cuil. à soupe d'huile de tournesol
1 cuil. à soupe de vinaigre de vin
1 cuil. à soupe de moutarde forte
1 frisée
3 gros rillons
4 tranches de pain de campagne assez épaisses
Beurre
4 œufs
1 botte de ciboulette
Fleur de sel, poivre du moulin
Préparation
15 minutes
Cuisson
20 minutes

Préparation
Préchauffez votre four à 170° (th. 5-6).
Dans un bol, mélangez en fouettant l'huile de tournesol, le vinaigre de vin et la moutarde ; salez, poivrez et réservez.
Lavez et essorez la salade frisée (si les feuilles sont trop grosses, découpez-les en deux ou en trois).
Enfournez les rillons pour 15 min de cuisson et gardez-les au chaud. Beurrez les tranches de pain de campagne et réservez.
Environ 10 min avant de déguster, plongez les œufs pendant 5 min (précises) dans une casserole d'eau bouillante. Égouttez-les, rafraîchissez-les, puis épluchez-les délicatement. Dorez les tranches de pain au four.
Assaisonnez la salade avec la vinaigrette, dressez-la dans un grand plat de service, ajoutez le pain doré et chaud découpé en morceaux, la ciboulette ciselée, les rillons chauds, coupés en tranches épaisses, ainsi que les œufs délicatement coupés en deux (car le jaune doit être moelleux), salez et poivrez.
Dégustez immédiatement.

POÊLÉE DE CROSNES ET NOISETTES

Pour 4 personnes
400 g de crosnes prêts à cuire
4 échalotes
2 cuil. à soupe de farine
1 bain de friture
50 g de beurre
2 cuil. à soupe d'huile de noisette
50 g de noisettes concassées
1 botte de ciboulette
Sel, poivre du moulin
Préparation
25 minutes
Cuisson
35 minutes

Préparation
Plongez les crosnes 10 min dans une casserole d'eau bouillante salée, puis égouttez-les.
Épluchez et ciselez les échalotes. Farinez-les et faites-les frire quelques minutes dans le bain de friture. Lorsqu'elles sont bien croustillantes, égouttez-les et gardez-les au chaud.
Faites fondre le beurre dans une petite poêle.
Saisissez les crosnes dans le beurre mousseux et laissez-les cuire 10 min à feu doux, en remuant.
Salez, poivrez, ajoutez l'huile de noisette et les noisettes concassées. Laissez cuire encore 15 minutes en remuant pour bien colorer l'ensemble. Ajoutez la ciboulette lavée et ciselée.
Dressez les crosnes dans un plat de service, disposez les échalotes croustillantes sur le dessus. Dégustez immédiatement, comme une entrée, accompagné d'une salade, ou en garniture d'une volaille.

GRATIN DE POMMES DE TERRE À LA CRÈME [1]

Pour 4 à 6 personnes: *3 gousses d'ail \ 2 kg de grosses pommes de terre \ 50 cl de crème liquide \ Muscade \ 2 cuil. à soupe de crème épaisse \ Sel, poivre du moulin*
Préparation: *30 minutes* \ **Cuisson:** *45 minutes*
Préchauffez votre four à 170 °C (th. 5-6).
Épluchez et émincez les gousses d'ail. Épluchez et découpez les pommes de terre en fines tranches à l'aide d'une mandoline (ou d'un grand couteau bien aiguisé). Déposez les tranches de pommes de terre, sans les laver, dans un grand plat à gratin. Versez la crème liquide, ajoutez les tranches d'ail, salez, poivrez et muscadez. Mélangez l'ensemble et tassez bien. Nappez le dessus du gratin avec la crème épaisse, salez et poivrez de nouveau, puis enfournez pour 45 min de cuisson.
Quand le dessus est bien coloré et les pommes de terre bien cuites (vérifiez la cuisson en les piquant avec la pointe d'un couteau), sortez le gratin du four. Dégustez comme un plat, accompagné d'une salade verte, ou en garniture d'un rôti.

GROS POIREAUX TIÈDES, SAUCE GRIBICHE [2]

Pour 4 personnes: *2 gros poireaux \ ¼ de branche de persil plat \ 4 branches d'estragon \ 5 cornichons \ 1 botte de ciboulette \1 cuil. à soupe de petites câpres \ 3 petites échalotes grises \ 2 œufs durs \ 10 cl d'huile d'olive \ 2 cuil. à soupe de vinaigre de vin \ Sel, poivre du moulin*
Préparation: *30 minutes* \ **Cuisson:** *25 minutes*
Découpez les poireaux en gros tronçons, lavez-les sous un filet d'eau froide et faites-les cuire 25 min dans une casserole d'eau bouillante salée (ou à la vapeur). Pendant ce temps, effeuillez, lavez et hachez grossièrement les feuilles de persil et d'estragon. Hachez les cornichons. Lavez et ciselez la ciboulette. Dans un saladier, mélangez les câpres, les cornichons, toutes les herbes, les échalotes et les œufs durs écrasés. Ajoutez l'huile d'olive, le vinaigre de vin, salez, poivrez, mélangez et laissez mariner l'ensemble à température ambiante.
Lorsque les poireaux sont cuits, égouttez-les, puis coupez-les en deux dans la longueur. Dressez-les dans des assiettes, recouvrez de sauce gribiche et dégustez immédiatement, accompagné de pain grillé.

ENDIVES AU JAMBON SANS BÉCHAMEL [3]

Pour 4 personnes: *4 endives \ 8 tranches fines de jambon cru \ 50 g de beurre \ 100 g de fromage râpé \ 2 cuil. à soupe d'huile de noix \ Sel, poivre du moulin*
Préparation: *25 minutes* \ **Cuisson:** *20 minutes*
Préchauffez votre four à 180 °C (th. 6).
Coupez les endives en deux et enveloppez chaque demi-endive d'une tranche de jambon cru. Placez-les dans un grand plat à four, déposez une noix de beurre sur chacune, salez, poivrez et saupoudrez de fromage râpé. Enfournez pour 20 min de cuisson.
Sortez le plat du four lorsqu'il est bien gratiné.
Ajoutez un filet d'huile de noix et dégustez bien chaud, comme plat principal.

POT-AU-FEU DE LÉGUMES OUBLIÉS À LA SAUCISSE [4]

Pour 4 à 6 personnes: *4 navets Boule d'or \ 1 patate douce \ 4 topinambours \ Quelques racines de persil tubéreux \ 1 carotte jaune et 1 carotte violette \ 4 rutabagas \ 4 pommes de terre (Vitelotte ou autres) \ 1 chou \ 1 saucisse de Morteau \ 2 petites saucisses de Montbéliard \ 1 bouquet garni \ 1,5 l de bouillon de volaille (en tablettes) \ Sel, poivre du moulin*
Préparation: *20 minutes* \ **Cuisson:** *2 heures*
Épluchez tous les légumes, découpez le chou en tronçons. Dans une grande cocotte, réunissez les saucisses, les carottes, les navets Boule d'or et le bouquet garni. Mouillez avec le bouillon et faites cuire 1 h à feu doux. Ajoutez le chou et laissez cuire encore 30 min. Ajoutez la patate douce, les topinambours, les rutabagas, les pommes de terre et le persil tubéreux et poursuivez la cuisson pendant 20 min.
Quand tous les légumes sont bien cuits, rectifiez l'assaisonnement en sel et poivre. Égouttez les saucisses et découpez-les en tranches épaisses.
Dégustez bien chaud, dans des assiettes creuses, avec des cornichons et des tranches de pain de campagne grillées.

1

2

3

4

CARDONS À LA MOELLE

Pour 4 personnes
1 botte de cardons
50 g de beurre
50 g de farine
50 cl de jus de veau (en poudre ou surgelé)
200 g de moelle
200 g de fromage râpé
Sel, poivre du moulin
Préparation
30 minutes
Cuisson
1 heure et 30 minutes

Préparation
Nettoyez, épluchez et découpez les cardons en tronçons réguliers. Mettez-les à cuire dans une grande casserole d'eau bouillante salée pendant 1 h environ.
Préchauffez votre four à 180 °C (th. 6).
Pendant ce temps, faites fondre le beurre dans une casserole, ajoutez la farine en remuant avec une spatule en bois, arrêtez le feu et laissez refroidir.
Portez le jus à ébullition et versez-le peu à peu sur le roux froid en fouettant jusqu'à l'obtention d'une sauce épaisse. Faites bouillir la sauce quelques minutes, toujours en fouettant, salez, poivrez et réservez.
Égouttez les cardons dans un grand plat à gratin, recouvrez-les de sauce, ajoutez la moelle en morceaux, recouvrez de fromage râpé et faites gratiner au four 25 min environ.
Dégustez bien chaud, accompagné d'une salade frisée.

TARTELETTES TIÈDES AU PISSENLIT

Pour 4 personnes
1 rouleau de pâte brisée
4 cuil. à soupe de crème épaisse
4 cuil. à soupe de moutarde de Dijon
500 g de pissenlit
2 cuil. à soupe de vinaigre de framboise
3 cuil. à soupe d'huile d'olive
Sel, poivre du moulin
Préparation
25 minutes
Cuisson
35 minutes

Préparation
Préchauffez votre four à 170 °C (th. 5-6).
Foncez quatre moules à tartelette (préalablement recouverts de papier sulfurisé) avec la pâte brisée. Faites en sorte qu'une bonne quantité de pâte ressorte sur les côtés, puis rabattez-la pour en faire un bord épais. Mélangez la crème fraîche et la moutarde et répartissez dans le fond des tartelettes. Enfournez pour 35 min de cuisson.
Pendant ce temps, équeutez, lavez et essorez le pissenlit.
Lorsque les tartelettes sont bien dorées, sortez-les du four et laissez-les refroidir légèrement.
Assaisonnez le pissenlit avec le vinaigre de framboise et l'huile d'olive, salez et poivrez. Garnissez chaque tartelette avec une grosse quantité de pissenlit, en tassant bien pour le maintenir.
Dégustez les tartelettes seules, en entrée ou en garniture d'un poisson grillé.

Tartelettes tièdes au pissenlit | ↑ | | ↓ | Carpaccio de gros radis rose et mâche sur tartine de beurre

CARPACCIO DE GROS RADIS ROSE ET MÂCHE SUR TARTINE DE BEURRE

Pour 4 personnes
4 cuil. à soupe d'huile de tournesol
1 cuil. à soupe de vinaigre de vin
1 cuil. à soupe de moutarde forte
4 grandes tranches de pain de campagne
200 g de mâche
1 gros radis rose (ou noir)
80 g de beurre demi-sel
Fleur de sel, poivre du moulin
Préparation
25 minutes

Préparation

Dans un bol, mélangez en fouettant l'huile de tournesol, le vinaigre de vin et la moutarde. Réservez.
Grillez les tranches de pain de campagne. Lavez et séchez la mâche. Épluchez et râpez le radis rose en tranches fines à l'aide d'une mandoline (ou d'un grand couteau bien aiguisé).
Environ 5 min avant de déguster, beurrez largement les tranches de pain. Mélangez ensemble le radis et la mâche et assaisonnez-les avec la vinaigrette. Déposez-en une grosse quantité sur chaque tranche de pain, salez et poivrez.
Dégustez immédiatement à l'apéritif.

RACINES RÔTIES AU FOUR, SAUCE YAOURT

Pour 4 personnes
4 racines de persil tubéreux
10 petites pommes de terre Vitelotte
1 ou 2 carottes
Quelques carottes colorées (violettes et jaunes)
1 petite patate douce
4 cuil. à soupe d'huile d'olive
5 branches de persil plat
2 branches de menthe fraîche
2 yaourts nature
1 cuil. à café de moutarde
Sel, poivre du moulin
Préparation
15 minutes
Cuisson
1 heure

Préparation

Préchauffez votre four à 180 °C (th. 6).
Lavez et brossez tous les légumes sous un filet d'eau tiède, puis découpez-les en morceaux dans le sens de la longueur. Disposez-les dans un grand plat préalablement recouvert d'un papier sulfurisé humidifié. Salez et poivrez les légumes, arrosez-les de 2 cuil. à soupe d'huile d'olive et enfournez-les pour 1 h de cuisson en les arrosant de temps en temps avec leur jus de cuisson pour bien les rôtir.
Pendant ce temps, effeuillez, lavez et hachez le persil plat et la menthe, puis mélangez-les avec les yaourts, la moutarde et 2 cuil. à soupe d'huile d'olive. Salez, poivrez et dressez dans une saucière.
Lorsque les légumes sont bien rôtis, dressez-les dans un plat. Dégustez-les nature avec la sauce au yaourt ou en garniture d'une volaille rôtie.

BEIGNETS DE SALSIFIS, CRÈME D'AVOCAT

Pour 4 personnes
10 grands salsifis frais
1 verre de farine
1 verre de bière
2 œufs
1 bain de friture
Sel, poivre du moulin
Pour la sauce
2 avocats
2 cuil. à soupe d'huile d'olive
Le jus de 2 citrons jaunes
Sel, poivre du moulin
Préparation
30 minutes
Cuisson
20 minutes
Repos
5 minutes

Préparation
Épluchez les salsifis, coupez-les en deux et faites-les cuire 10 min à la vapeur : ils doivent êtres cuits, mais encore fermes. Égouttez-les et laissez-les refroidir et sécher dans un torchon.
Pour la sauce : épluchez les avocats et mixez-les dans un robot, avec l'huile d'olive et le jus des citrons, jusqu'à obtenir une crème onctueuse et lisse ; salez, poivrez et réservez au frais.
Dans un saladier, mélangez en fouettant la farine, la bière et les jaunes d'œufs. Montez les blancs en neige et incorporez-les délicatement à la pâte.
Laissez reposer 5 min à température ambiante.
Chauffez le bain de friture, plongez les salsifis un par un dans la pâte à beignet et faites-les frire quelques minutes, de chaque côté, pour bien les dorer.
Égouttez les beignets sur une assiette recouverte de papier absorbant, salez et poivrez.
Dégustez chaud avec la crème d'avocat.

Vous pouvez remplacer les salsifis par des asperges cuites à la vapeur.

CÉLERI RÉMOULADE AU CRABE

Pour 4 personnes
1 boule de céleri (environ 500 g)
1 pomme verte
Le jus de 1 citron
1 botte de ciboulette
10 feuilles de céleri
200 g de chair de crabe
2 cuil. à soupe de mayonnaise
5 cuil. à soupe d'huile d'olive
Sel, poivre du moulin
Préparation
30 minutes
Cuisson
30 secondes

Préparation
Épluchez et râpez le céleri avec un robot (comme pour les carottes), puis plongez-le 30 s dans une casserole d'eau bouillante salée, égouttez-le et laissez-le refroidir.
Épluchez et découpez la pomme en dés, et réservez-les dans un bol avec le jus de citron. Lavez, séchez et ciselez la ciboulette. Lavez les feuilles de céleri. Égouttez la chair de crabe. Mélangez le céleri râpé avec la mayonnaise, la ciboulette et la chair de crabe, et rectifiez l'assaisonnement en sel et poivre.
Dressez le céleri dans des assiettes, ajoutez les feuilles de céleri et les dés de pomme verte. Assaisonnez d'un filet d'huile d'olive et dégustez avec des toasts de pain de campagne.

BLETTES GRATINÉES AU COMTÉ

Pour 4 personnes
800 g de blettes
150 g de comté vieux
5 cuil. à soupe de crème fraîche
Muscade
Sel, poivre du moulin
Préparation
20 minutes
Cuisson
35 minutes

Préparation
Préchauffez votre four à 180 °C (th. 6).
Équeutez, lavez, épluchez et découpez les blettes en morceaux (le vert et le blanc). Plongez-les 5 min dans une casserole d'eau bouillante salée, puis égouttez-les. Râpez le comté et mélangez-le avec les blettes et la crème fraîche dans un grand saladier ; salez, poivrez et muscadez.
Dressez les blettes dans un plat à gratin, tassez légèrement et enfournez pour 30 min de cuisson.
Lorsqu'il est bien doré, sortez le gratin du four.
Dégustez immédiatement, comme un plat complet, ou en garniture d'un rôti de porc.

RÔTI DE PORC

Blettes gratinées au comté

Cinquième chapitre

HERBES

Laurier

Aneth

Basilic

Basilic rouge

Basilic thaï

Cerfeuil

Ciboulette

Estragon

Persil plat

Marjolaine

Menthe

Origan

Pourpier

Oseille

Persil frisé

Sarriette

Sauge

Thym

Thym citron

Romarin

Coriandre

DÉJEUNER SUR L'HERBE

Les herbes ont toute leur place dans ce livre. Sans être des légumes, elles poussent à leurs côtés dans le potager : ciboulette, cerfeuil, estragon, basilic, menthe, persil, coriandre, aneth… Elles entrent dans la composition de nombreuses sauces emblématiques de la cuisine française, comme la sauce ravigote, la sauce gribiche, la béarnaise, la persillade, le beurre d'escargot…

Voici quelques conseils pour bien utiliser les herbes.

En règle générale, les herbes ne doivent pas cuire. Il est préférable de les ajouter au dernier moment. Si vous souhaitez parfumer une huile au romarin, au basilic etc., faites chauffer à 60 °C environ une huile neutre, type huile de pépins de raisin, et, hors du feu, ajoutez l'herbe fraîche souhaitée. Laissez infuser. Les herbes noircissent à la cuisson. Or, elles servent aussi à apporter de la couleur à une préparation. Il faut donc les ajouter en fin de cuisson. Attention, le basilic perd totalement son goût sous l'effet de la chaleur.

Si les herbes agrémentent de nombreuses sauces, vous pouvez les utiliser d'une façon plus originale. Vous pouvez, par exemple, préparer des croûtes d'herbes. Cuisez une viande et passez-la en fin de cuisson dans une assiette contenant une grosse poignée d'herbes ciselées. L'estragon se prête très bien à cette recette. Vous pouvez également parfumer un beurre blanc, en ajoutant en fin de cuisson une grosse poignée d'herbes hachées telles que la coriandre. Vous pouvez encore glisser les herbes sous la peau des volailles afin de les parfumer. Elles cuiront, mais seront protégées par la peau du volatile.

Les herbes se conservent difficilement. Il est déconseillé de les mettre dans un verre d'eau. Elles faneront rapidement, à l'exception de la menthe. Il est préférable de les enfermer dans un sac plastique et de les placer dans le bas du réfrigérateur. Vous pouvez aussi les envelopper d'une feuille de papier absorbant imbibé d'eau, puis d'une feuille de papier d'aluminium. Le persil, le thym, la ciboulette et la menthe se conservent bien. En revanche, la coriandre, le cerfeuil, le basilic et l'estragon sont fragiles.

Ci contre : Racines de persil.

Cueillette
de roquette.

Les herbes se consomment également en infusion à boire, comme on le ferait avec de la verveine ou du tilleul. Ainsi, le thym possède des vertus digestives, la sauge des vertus calmantes ; cette dernière permet aussi de lutter contre la transpiration excessive et les bouffées de chaleur. Quant à l'origan, il aide à lutter contre la grippe, la toux, l'asthme…

Les grands classiques de la cuisine française

Sauce béarnaise : estragon et cerfeuil.
Sauce ravigote : ciboulette, estragon, cerfeuil et persil plat.
Sauce gribiche : persil et ciboulette.
Beurre d'escargot : persil.

Ci-dessus : Basilic pourpre *(en haut)*.
Pousses de basilic *(en bas)*.

LE SAVIEZ-VOUS ?

Certaines cultures affectionnent des herbes plus que d'autres. Ainsi, les pays du Nord consomment beaucoup d'aneth, en particulier avec les poissons fumés. Par exemple, le saumon gravlax, originaire des pays scandinaves, se consomme cru, mariné avec du sel, du sucre, différentes épices, de l'alcool et de l'aneth. L'aneth se retrouve également dans les gros cornichons malossols des pays de l'Est. Si les Italiens usent et abusent du basilic, ils utilisent aussi beaucoup de sauge : ils font frire les feuilles ; elles se dégustent ainsi en antipasti. *Dans le Nord de l'Italie, les feuilles de sauge parfument également le beurre qui accompagne les grosses ravioles.*
À Lyon, la cervelle de canut est une préparation à base de fromage blanc, dans laquelle sont mélangés de l'échalote, du poivre et des herbes, le plus souvent de la ciboulette. Mais les recettes sont multiples, et on peut varier les plaisirs. Tous les fromages blancs, ainsi que les œufs, se marient bien aux herbes. L'omelette aux fines herbes n'est-elle pas un classique de la cuisine française ?

LE CAS DU PERSIL

Persil plat ou frisé ? Le second, qui était autrefois dans toutes les cuisines, décorait les plats autant que les vitrines des traiteurs et des bouchers. Aujourd'hui, il tend à disparaître au profit du persil plat. La saveur du persil plat est plus corsée. C'est le parsil du taboulé libanais. On peut en faire des soupes également. Contrairement aux autres herbes, il peut être cuit.

LES HERBES DE PROVENCE

Le Sud de la France possède une tradition de fines herbes consommées séchées. Les herbes de Provence sont un mélange bien précis d'herbes emblématiques de la région : la sarriette (26 %), l'origan (26 %), le romarin (26 %), le thym (19 %) et le basilic (3 %). Cultivées, cueillies et séchées séparément, ces plantes sont ensuite assemblées afin de former le fameux mélange, si caractéristique de l'été. Les herbes de Provence peuvent être produites ailleurs et être composées d'autres herbes. Aussi, seul le Label Rouge garantit l'origine et la conformité du mélange.

Le bouquet garni

Le plus souvent, du thym, du laurier et du romarin sont assemblés en bouquet, de préférence mi-sec, mais ce bouquet garni peut également être composé de maintes autres herbes telles que le persil, la sarriette et la sauge. En général, il parfume un court-bouillon. Il est retiré en fin de cuisson, avant que le plat soit servi.

Page de gauche :
Thym.
Doube page suivante à droite :
Crème de cresson.

 1 : Coriandre. *2 :* Ciboulette. *3 :* Aneth. *4 :* Thym. *5 :* Thym citron.

6 : Sarriette. *7 :* Romarin. *8 :* Sauge. *9 :* Oseille. *10 :* Menthe.

 1: Origan. *2:* Cerfeuil. *3:* Estragon. *4:* Marjolaine. *5:* Laurier.

6 : Persil frisé. *7 :* Basilic asiatique. *8 :* Basilic. *9 :* Basilic rouge ou pourpre. *10 :* Persil plat.

PORC CARAMÉLISÉ À LA MARJOLAINE

Préchauffez votre four à 180 °C (th. 6). Effeuillez et lavez ***5 branches de marjolaine***. Découpez ***4 côtes de porc*** (taillées dans l'échine) en petits dés. Déposez les dés de porc dans un grand plat, salez, poivrez, ajoutez ***2 cuil. à soupe de sauce soja***, ***2 cuil. à café de miel*** et enfournez pour 15 min de cuisson. Lorsque le porc est cuit et caramélisé, ajoutez les feuilles de marjolaine, mélangez et dégustez avec du riz blanc.

ÉMINCÉ DE BŒUF AU BASILIC ASIATIQUE

Effeuillez, lavez et séchez ***2 bottes de basilic asiatique***. Détaillez ***4 steaks de bœuf*** en petits morceaux. Hachez ***2 gousses d'ail rose***. Chauffez ***4 cuil. à soupe d'huile d'olive*** dans un wok, saisissez les morceaux de viande et l'ail dans l'huile fumante, laissez colorer quelques minutes, puis salez et poivrez. Ajoutez ***2 cuil. à soupe de sauce soja***, laissez réduire 1 min, puis ajoutez les feuilles de basilic. Mélangez, arrêtez le feu et continuez de remuer pendant 1 min. Dégustez avec du riz blanc ou des nouilles sautées.

CHÈVRE FRAIS À LA CIBOULETTE ET À L'HUILE D'OLIVE

Mélangez ***200g de fromage frais*** (Petit Billy®, Chavroux® ou autre) avec ***2 bottes de ciboulette*** lavées et finement ciselées, ***2 cuil. à soupe d'huile d'olive***, ***2 cuil. à soupe de tapenade*** et ***30g de baies de goji*** hachées.
Tartinez bien frais sur des tranches de pain complet.

CARPACCIO DE VEAU AU BASILIC ROUGE ET AU PARMESAN

Effeuillez, lavez et séchez les feuilles de ***2 bottes de basilic rouge***. Taillez-les finement avec une paire de ciseaux. Taillez ***80g de parmesan frais*** en petits copeaux. Étalez le ***carpaccio de veau (ou de bœuf)*** sur 4 grandes assiettes. Saupoudrez de basilic haché et de copeaux de parmesan, salez, poivrez, arrosez de ***1 filet d'huile d'olive*** et dégustez avec des tranches de pain grillées.

Carpaccio de veau au basilic rouge et au parmesan | ↑ |

HUÎTRES AU PERSIL FRISÉ

Équeutez et lavez ***1 botte de persil frisé***. Plongez-le 3 min dans une casserole d'eau bouillante salée, égouttez-le et réservez. Ouvrez ***16 huîtres***, gardez-en 8 entières, décortiquez les autres et mettez-les dans une casserole avec ***2 cuil. à soupe de crème fraîche*** et le persil. Portez à ébullition, laissez cuire 5 min et mixez. Salez et poivrez. Chauffez les huîtres entières 5 min au four, nappez-les de sauce au persil et dégustez immédiatement.

SALADE DE CORIANDRE AU POULET ET À L'ORANGE

Lavez ***2 bottes de coriandre*** à grande eau, séchez-les, puis hachez-les grossièrement avec les parties des tiges les plus souples. Émincez ***2 blancs de poulet*** cuits, détachez les quartiers à vif de ***2 oranges*** et émincez ***2 tiges de citronnelle***. Mélangez la coriandre, la citronnelle, le poulet et les quartiers d'orange, ajoutez ***4 cuill. à soupe d'huile d'olive***, ***2 cuill. à soupe de sauce soja***, mélangez et dégustez immédiatement.

MOULES MARINIÈRE AU THYM CITRON

Dans une grande cocotte, mélangez ***2 l de moules***, ***10 branches de thym citron***, ***3 échalotes*** finement ciselées et ***2 verres de vin blanc***. Couvrez et faites cuire 10 min à feu vif en remuant de temps en temps. Quand toutes les moules sont ouvertes, arrêtez le feu, mélangez délicatement et dégustez.

SAUMON MARINÉ À L'ANETH

Effeuillez, lavez, séchez et hachez ***2 bottes d'aneth***. À l'aide d'un couteau bien aiguisé, découpez ***4 pavés de saumon*** en tranches fines. Étalez le saumon sur 4 petites assiettes. Mélangez l'aneth haché avec ***5 cuil. à soupe d'huile d'olive*** et ***le jus de 2 citrons***. Assaisonnez le poisson avec cette marinade, salez, poivrez et laissez mariner 5 min. Dégustez avec des toasts chauds.

Saumon mariné à l'aneth | ↑ |

CUISSES DE POULET RÔTIES AU LAURIER

Préchauffez votre four à 180 °C (th. 6). Glissez ***2 feuilles de laurier bien vertes*** (vous pouvez ajouter ***1 branche de thym***) sous la peau de chaque cuisse de poulet ; salez et poivrez. Déposez-les dans un grand plat à four, arrosez de ***1 filet d'huile d'olive*** et enfournez pour 35 min de cuisson. Dégustez bien chaud avec une purée de pommes de terre.

LÉGERS BEIGNETS DE FEUILLES DE SAUGE

Effeuillez et lavez ***20 feuilles de sauge***. Saupoudrez les feuilles encore humides avec de la ***fécule de pomme de terre*** (ou de la ***Maïzena***) et déposez-les sur une grande assiette pour éviter de les superposer. Chauffez un bain de friture, plongez les feuilles de sauge trois par trois dans l'huile bouillante et laissez-les frire quelques minutes, en remuant sans cesse. Égouttez-les sur une assiette recouverte de papier absorbant avant de les servir.

OMELETTE ROULÉE AU CERFEUIL

Lavez, effeuillez et hachez ***4 bottes de cerfeuil***. Fouettez ***8 œufs*** dans un saladier, salez, poivrez, puis ajoutez le cerfeuil haché. Faites fondre ***60g de beurre*** dans une poêle anti-adhésive. Saisissez l'omelette dans le beurre mousseux, laissez cuire quelques minutes, puis roulez-la pour qu'elle reste baveuse. Dégustez avec une salade verte.

PIZZETTA À L'HUILE D'OLIVE ET À L'ORIGAN

Effeuillez, lavez et séchez ***10 branches d'origan***. Préchauffez votre four à 220°C (th. 7-8). Découpez ***500g de pâte à pain*** en plusieurs petites boulettes régulières et déposez-les sur une plaque préalablement recouverte d'une feuille de papier sulfurisé. Aplatissez-les légèrement, badigeonnez d'***huile d'olive***, salez, poivrez et enfournez pour 10min de cuisson.
Sortez les *pizzetta* du four, saupoudrez-les d'origan et de ***fleur de sel***. Dégustez tiède.

CORNICHONS À L'ESTRAGON [1]

Équeutez, puis frottez **500g de cornichons frais** avec une petite brosse, sous un filet d'eau froide. Séchez-les dans un torchon, puis mettez-les à mariner 12h dans du ***gros sel***. Rincez-les, répartissez-les dans des bocaux, ajoutez ***quelques grains de poivre et de coriandre***, puis ajoutez ***quelques branches d'estragon frais***. Recouvrez de ***vinaigre de vin blanc***, puis fermez les bocaux et laissez mariner 3 jours avant de déguster.

HUILE DE ROMARIN [2]

Chauffez ***5cl d'huile d'olive*** dans une petite casserole. Ajoutez ***4 branches de romarin*** dans l'huile tiède, salez, poivrez, arrêtez le feu et laissez infuser 1 h à température ambiante. Utilisez cette huile sur un poisson ou une viande grillée, mais également sur une salade de tomates ou pour donner du goût à une purée de pommes de terre.

PESTO MAISON VITE FAIT [3]

Effeuillez, lavez et séchez les feuilles de **4 bottes de basilic**. Dans un robot, mixez ces feuilles avec ***2 grosses gousses d'ail rose***, ***60g de pignons de pin***, ***5 cuil. à soupe de parmesan frais*** préalablement râpé et ***15cl d'huile d'olive*** de bonne qualité, que vous devez verser peu à peu pour bien lier le pesto. Versez le pesto dans un bocal et laissez prendre 2h au frais, avant de déguster avec des pâtes, du riz voire des légumes cuits à la vapeur.

SAUCE À LA MENTHE POUR LE RÔTI [4]

Lavez, effeuillez, puis mixez ***5 branches de menthe*** avec un peu de jus de cuisson d'un rôti – agneau, veau ou poulet – et ***1 cuil. à café d'huile d'olive***. Salez, poivrez et dégustez avec le rôti (dont vous avez prélevé le jus).

1

2

3

4

1

2

3

4

SAUCE À L'OSEILLE POUR LE SAUMON [1]

Lavez et séchez **2 bottes d'oseille**. Retirez les queues et hachez grossièrement les feuilles. Dans une casserole, faites réduire aux trois quarts ***40 cl de vin blanc*** avec ***2 échalotes*** ciselées, ajoutez ***4 cuill. à soupe de crème fraîche***, laissez cuire 5 min, puis ajoutez l'oseille. Salez, poivrez et mélangez, puis arrêtez le feu. Dégustez avec du saumon ou une escalope de veau poêlée, ou simplement avec des pommes vapeur.

LE VRAI TABOULÉ AU PERSIL PLAT [2]

Effeuillez, lavez et séchez ***2 bottes de persil plat***. Hachez finement les feuilles de persil avec des ciseaux, puis mélangez-les dans un saladier avec ***2 cuil. à soupe de boulgour cuit***, ***2 tomates épépinées*** et taillées en petits dés et ***5 cuil. à soupe d'huile d'olive***. Laissez mariner 10 min au réfrigérateur, salez, poivrez et dégustez.

BEURRE BLANC AU THYM [3]

Dans une casserole, faites réduire aux trois quarts ***1 petit verre de vin blanc*** avec ***1 échalote*** ciselée. Arrêtez le feu et ajoutez peu à peu, en fouettant, ***150 g de beurre frais*** pour le lier : attention de ne pas le faire bouillir. Salez, poivrez et ajoutez ***5 branches de thym frais***. Tenez la sauce au chaud au bain-marie. Laissez infuser 10 min, puis dégustez avec un poisson grillé.

CRÈME DE PETITS POIS À LA SARRIETTE [4]

Effeuillez ***5 branches de sarriette***. Saisissez ***600 g de petits pois frais*** (ou surgelés) dans une casserole avec ***4 cuil. à soupe d'huile d'olive.*** Ajoutez ***1 oignon doux*** finement ciselé, laissez roussir 5 min, puis versez ***30 cl d'eau*** ; salez et poivrez. Laissez cuire 5 min, puis versez ***60 cl de crème liquide*** et les feuilles de sarriette et laissez cuire encore 20 min. Mixez la soupe et rectifiez l'assaisonnement en sel et poivre. Dégustez chaud ou froid dans de petites verrines individuelles.

ANNEXES

Table des recettes

Index

Quelques données chiffrées

Les mots et les goûts

Table des recettes

LÉGUMES DE PRINTEMPS

LÉGUMES D'ÉTÉ

LÉGUMES D'AUTOMNE

LÉGUMES D'HIVER

HERBES

Index

Double-page suivante, à gauche : Aubergine. *À droite :* Chou rouge.

QUELQUES DONNÉES CHIFFRÉES

La France est le troisième producteur de fruits et légumes de l'Union européenne après l'Italie et l'Espagne, et le quatrième producteur de pommes de terre fraîches.

Elle est le premier exportateur mondial de pommes de terre à l'état frais ; le premier fabricant européen de légumes en conserve ; le deuxième fabricant de légumes surgelés. 39 % de la production nationale est destiné aux industries de transformation.

La France se caractérise par la diversité de sa production légumière. En 2010, on recensait 30 800 producteurs pour 202 000 hectares. Il existe une culture de légumes en plein champ et une autre sous serres ou tunnels, chauffés ou non.

LA FRANCE PRODUIT PRINCIPALEMENT :

des pommes de terre nouvelles et de conservation

des haricots verts et beurre

des pois

des choux-fleurs

des carottes

des laitues

des endives

Les principales zones de production sont : la Bretagne, la Normandie, la région Rhône-Alpes, la Provence, l'Aquitaine et la région Midi Pyrénées, et le département du Val-d'Oise.

Le Nord produit également des légumes bien adaptés à son climat comme les haricots, les pois, les poireaux, les endives… Cependant, chaque département conserve une activité légumière. La production de proximité côtoie celle des filières longues. Depuis plusieurs années, on a vu se développer des circuits dits courts, comme les ventes à la ferme ou les Amap (Associations pour le maintien d'une agriculture paysanne).

La production française de légumes s'élève à 5,1 millions de tonnes, hors pommes de terre.

La France exporte 1 million de tonnes de légumes frais. Elle est pourtant déficitaire de 2 millions de tonnes de fruits et légumes, notamment à cause d'une forte demande de légumes hors saison.

La production bio reste marginale avec seulement 3 927 exploitations pour moins de 10 000 hectares.

Il existe deux filières légumes, la production destinée à être consommée fraîche et celle destinée à la transformation qui regroupe différents métiers : producteur, distributeur, détaillant en passant par transformateur, expéditeur, grossiste.

LES MOTS ET LES GOÛTS

Les expressions dans lesquelles interviennent les légumes en disent long sur leur statut dans l'imaginaire collectif. Ces expressions sont bien souvent dépréciatives car les légumes ont longtemps été du côté du quotidien, de la cuisine domestique, tandis que les viandes et autres gibiers sont des plats du dimanche, festifs, et sont donc davantage du côté de la gastronomie.

Si les expressions négatives existent pour la viande, le contraire est également plus fréquent que pour les légumes. Ne dit-on pas « doux comme un agneau », « fort comme un bœuf », « être copains comme cochons », etc. ? Alors que du côté du potager, on retrouve : « avoir **un sang de navet** » qui désigne une personne peu courageuse. « Ce film, c'est un **vrai navet** » n'est pas vraiment un compliment… « **Avoir un petit pois à la place du cerveau** » qualifie une personne stupide. Côté bêtise, les choux en prennent également pour leur grade, on dit en effet « **bête comme chou** ». Ce légume revient souvent dans les expressions : ainsi, « ménager **la chèvre et le chou** » ou encore « **se prendre le chou** » ou « **faire chou blanc** » qui signifie que l'on a échoué. Une **feuille de chou** désigne un journal. On sait bien que si les filles naissent dans les roses, les **garçons naissent dans les choux**. D'autres légumes sont aussi populaires dans les expressions. Les oignons apparaissent dans une expression pour une fois positive : « **préparer aux petits oignons** ». Mais lorsqu'on lance à quelqu'un, « **ce n'est pas vos oignons** », on l'envoie balader. Les légumes sont souvent synonymes d'argent, ainsi l'**oseille** en argot, ou l'expression « **ne pas avoir un radis** ».

Voici quelques autres expressions qui, par leur nombre, montrent combien les légumes font partie de notre quotidien :

- **Rouge comme une tomate :** pour désigner une personne gênée qui rougit.
- **Avoir un cœur d'artichaut :** se dit d'une personne qui tombe souvent amoureuse.
- **Il me court sur le haricot :** dit-on à propos d'une personne agaçante.
- **C'est pas la fin des haricots :** ce n'est pas grave.
- **Appuyer sur le champignon :** accélérer, en voiture.
- **Les carottes sont cuites :** se dit à propos de quelque chose qui est fichu.
- **Raconter des salades :** mentir. Le panier à salade désigne la fourgonnette de police.
- **Faire le poireau :** attendre quelqu'un longtemps.
- **Manger les pissenlits par la racine :** être mort et enterré.

Remerciements

Joël Thiébault
Pour les jours de marchés : www.joelthiebault.fr.

Philippe Morice
Maraîcher sur le marché de l'avenue de Saxe,
dans le VIIe arrondissement à Paris,
le jeudi et le samedi matin, mais aussi
sur le marché Auguste-Blanqui,
dans le XIIIe arrondissement, le dimanche matin.

Olivier Durand
Vente directe tous les samedis matin,
44 840, Les Sorinières.

Sylvain Picard
Responsable des potagers d'Alain Passard.

Alain Passard
Chef de cuisine 3 étoiles
du restaurant *L'Arpège*
au 84, rue de Varenne, 75007 Paris.

Anthony Beldroega
Second de cuisine au restaurant *L'Arpège*.

Direction : Catherine Saunier-Talec
Responsable éditoriale : Céline Le Lamer
Responsable artistique : Antoine Béon
Responsable de projet : Lisa Grall
Conception graphique et réalisation : Marie-Paule Jaulme
Préparation de copie : Valérie Mettais
Correction : Mélanie Rebillaud
Fabrication : Isabelle Simon-Bourg
Partenariats : Sophie Morier (smorier@hachette-livre.fr)

Dépôt légal : septembre 2014
23-1810-3/01
ISBN : 978-2-01-231810-6
Imprimé en Chine par Toppan

www.hachette-pratique.com
facebook.com/hachettecuisine